井伊家の教え

彦根藩35万石はなぜ300年続いたのか

田原総一朗
TAHARA SOICHIRO

プレジデント社

井伊家の教え

装丁　秦　浩司（hatagram）
帯写真　宇佐美雅浩

まえがき

滋賀県彦根市出身の私のところに、「井伊家の家訓についてご執筆いただけないか」という依頼があったのは二〇一六年（平成二八年）五月のことだった。翌、一七年（平成二九年）のＮＨＫ大河ドラマでは、「おんな城主　直虎《なおとら》」が放送されることが決まり、にわかに井伊家にスポットが当たっていたのだ。

〝井伊家〟と聞いて誰もが思い起こすのは、おそらく江戸時代末期の大老・井伊直弼《なおすけ》だろう。「安政の大獄」と「桜田門外の変」は、セットで覚えさせられたはずである。井伊直弼は一五代の彦根藩主だった。

私の生まれ育った彦根市は、まさに彦根藩井伊家のお膝元の城下町である。彦根駅前には、藩祖である井伊直政《なおまさ》の銅像が立てられ、彦根市民は井伊家に対して尊敬のまなざしを向けている。

このように、井伊家と言えば彦根の印象が強いだろう。だが、大河ドラマで取り上げられるのは、静岡県浜松市の井伊谷《いいのや》を舞台にした井伊直虎という女性だ。多くの人が「聞いたことがない」と感じたように、私自身も彼女のことは知らなかった。

実は井伊家の歴史は大変古く、なんと一〇〇〇年以上の歴史があるという。それだけ歴史のある名家であれば、おそらく先祖代々伝わる家訓があるのではないか。そこにはいったいどんな教えがあるのだろうか。私は井伊家の家訓を求めて、井伊家の歴史を紐解いていくことにした。

現在、井伊家の家訓を知るであろう人物に話を聞くことができた。龍潭寺《りょうたんじ》の先代住職である武藤全裕《むとうぜんゆう》師だ。浜松市にある龍潭寺は、井伊家の菩提寺だ。龍潭寺と井伊家の関係についての詳細は第2章で触れたい。

井伊谷で誕生した井伊家は、武家として勢力を伸ばし、城を構え、六〇〇年ほどこの地に根を張って生きてきた。代々の遺骨の多くは龍潭寺に眠っている。これほど永い時を過ごした地の菩提寺だ。古い文書や関係する史料も所蔵していると聞く。その中に、家訓とされるような記述も残っているのではないかと、期待は高まった。

さっそく、ライターの鮫島敦氏に、浜松市の井伊谷に向かってもらった。龍潭寺の武藤全裕師に取材してもらったところによると、井伊家・六〇〇年の歴史の中で、文字に残された家訓はないという。残された史料の中に、そういった文言は見当たらず、家訓とされたような言葉も聞いたことがないというのだ。

過剰な期待を寄せていたこともあり、「家訓はありません」の一言にがっくりしてしまったが、気を取り直して別の角度から家訓を調べることにした。それは、彦根城博物館だ。

藩主として三〇〇年あまり根を張った彦根城だが、現在、城内に彦根城博物館がある。代々井伊家に伝わった美術工芸品や古文書、そして井伊家の鎧や武具などが展示されている。休日ともなれば観光客であふれる人気スポットだ。

彦根藩のあった江戸時代であれば、比較的多くの史料が残されているはずだ。その中にはきっと、家訓を示すものもあるのではないか。

続いて、鮫島氏に彦根城博物館に向かってもらった。そして、こちらの博物館を案内している館員に話を聞いたところ、またしても、「文字に残された家訓はありません」と言われてしまった。大量の史料を専門的に精査している博物館でも、そういった文言を確認できていないという。もちろん、口伝えされているような家訓にあたる言葉や話も、聞いたことがないというのだ。

期待していたところから、「家訓がない」と聞かされた私は言葉を失った。これでは井伊家の家訓について執筆しようがない。お手上げ状態だった。

どうしたものかと思い悩み、一度は暗礁に乗り上げたが、井伊家の歴史を丹念に紐解いていく中で、私は一つの結論に至った。

井伊家には、公式的に「これが家訓である」と言われるものは何も残されていない。しかし、その一〇〇〇年の時を生きてきた井伊家の人々の〝生き様〟には、家訓とは言えないまでも、教えとして受け継がれ続けているものがあったのだ。

第3章で触れる、おんな城主であった井伊直虎や、その当時の龍潭寺にいた南渓《なんけい》和尚といった井伊家を支えた周辺の人々、彼らの生きた時代は、井伊家にとってまさに苦難の時代であった。彼らのある種の執念にも似た〝生き様〟に触れると、一族を存続させ続けることがいかに困難なことか、どれほどの想いで彼らが一族をつないできたか、言葉には残されていないにしろ、その魂を感じ取ることができた。

さらに、第4章、第5章で触れる彦根藩の歴代藩主たちは、幼少期、直虎や南渓和尚の〝生き様〟を伝えられ、彼らの尽力があっていまがある、自分たちがいるのは代々の先祖あってこそと、強く教えられて育っている。

井伊家はまさに、先祖代々の〝生き様〟を伝えることで、その教えを継承させてきたのだ。

読者の皆さんには、これだという家訓がないからこそ、自分なりの〝井伊家の教え〟を発見していただきたい。彼らの一〇〇〇年の歴史に触れ、その〝生き様〟に触れる中で体感し、魂の教えを感じていただければと願う。

井伊家をめぐる家訓を探す旅を、歴史を紐解きながら行っていると、実にさまざまな示唆を与えられた。苦難の歴史を乗り越えてつながってきた井伊家からは、現代日本が学ぶべきことも多くあると私は感じている。

ここ数年の日本の情勢は、まさに内憂外患の時代と言えるだろう。

隣国の北朝鮮からは日本海に向かってミサイルが放たれている。中国の漁船が尖閣諸島を取り囲んだこともある。根本的な解決策も見いだせず、時間ばかりが過ぎているのが現状だ。

国内に目を向ければ、沖縄県の米軍基地問題も決着が見えず、宙に浮いたまま。少子高齢化は刻一刻と進み、その大波が日本経済を襲おうとしている。景気の混迷も出口が見えず、二〇二〇年には東京オリンピックも開催されるというが、活気はなかなか生まれない。

現代日本はいままさに非常に困難な時代を歩んでいる、と言わざるを得ないだろう。再び日本に光明は射すのか。後世の日本を憂うのならば、いまこそ国民が真剣に考えなくてはいけない時ではないだろうか。

人は歴史から学ぶべきである。その歴史とは、戦後日本の学校教育で教えられてきたことではない。日本人は、教科書から学ぶことには長けたが、本物の歴史から学ぶことは不得意になってしまった。

いまこそ、井伊家・一〇〇〇年の歴史から、井伊家の人々の〝生き様〟から、我々は学ぶべきである。そこから、日本の生き残りのための糸口も見えてくるであろう。

目次

第2章 「井伊家」千年の歴史 ――押さえておきたい史実を知る

第3章 直虎と直政のきずな ――生き抜く勇気・活かす勇気

第4章

譜代筆頭・大老家として生きる ——忠義専心で将軍家に仕える

凡例

※文中に登場する月日の表記は資料に基づいた旧暦による。

※井伊家当主の代数は、藩主として再動した場合も一代と数えた。
井伊家藩主の代数は、再動した場合、二代と数えた。

第1章

「井伊家」から私たちが学べること

――先見力で明日をつかむ

県立彦根東高校に宿る「赤鬼魂」の教え

私は、「彦根」生まれである。決して、「滋賀県」生まれとは言わない。あくまで、彦根なのである。この意識は、滋賀県内でも、彦根人だけが持っている熱烈たる郷土愛の証しだ。

私は一九五三年（昭和二八年）に滋賀県立彦根東高等学校を卒業した。一期生である。彦根東高校は、滋賀県で最も古い旧制第一中学校が戦後、高等学校になってできた。

この高校の歴史は古く、井伊直弼の父親にあたる人物、彦根藩一三代藩主である井伊直中《なおなか》が、一七九九年（寛政一一年）に創設した藩校「稽古館」に源流がある。二〇〇年を超える歴史がある学校なのだ。藩校をルーツにする学校はどの都道府県も名門校で、彦根東高校も例外ではなかった。

しかも、彦根東高校は、彦根人のシンボルである彦根城の二の丸にある。彦根城は国宝で、さらに世界遺産にノミネートされている。いまもなお堀には水を湛え、石垣を廻らせた、落ち着いた風格のある特別史跡の敷地に校舎はあった。

ただし、一つだけ難点があった。それは、国宝の彦根城内に校舎があることから、勝手に改築できないのだ。その彦根東高校は、彦根藩の影響を強く受けている。その一つが「赤鬼魂」という伝統的な考え方だ。

高校野球好きの方ならば記憶されているかもしれないが、二〇一三年（平成二五年）、夏の甲子園に、わが彦根東高校が出場した。試合中は応援団も、在校生および校友も、全員が真っ赤なジャンパーを着て応援したのだ。汗だくの応援だった。私は仕事の関係で、その日甲子園に応援へ行けなかったが、後日、そのジャンパーが、私のところに送られてきた。

まさに、真っ赤なジャンパーで、「赤鬼」だった。

「赤鬼」とは「赤備え《あかぞな》」になぞらえている。彦根藩の藩祖・井伊直政が徳川家康からの命で、旧武田家の家臣を井伊家に組み込み、井伊家の「赤備え隊」を創設した。戦国時代、武田家の「赤備え」は勇猛果敢な戦いで、近隣の戦国大名から怖れられていたのである。

「赤」には、闘争心をかきたてる積極的で勇ましく、強いイメージがある。では、「赤鬼魂」とは、どのような魂なのか、彦根東高校のサイトでは、次のように説明していた。

彦根東高校は井伊家の先駆者精神を継承し、県立一中としての誇りと負けじ魂「赤鬼魂」を伝統としています。今から四〇〇年以上前、彦根藩の藩祖・井伊直政は、関ヶ原の戦などで徳川の先鋒隊を率いて戦いました。その時の直政隊は、鎧《よろい》・兜《かぶと》・旗指物《はたさしもの》をすべて赤くした、「赤備え」の軍勢でした。その軍勢が敵を撃破して大活躍をしたことから「井伊の赤備え」「井伊の赤鬼」と怖れられるようになりました。（略中）

「赤鬼魂」には、「先駆者精神」、「先頭に立って活躍する」、「時代に先立って新しい分野を切り開く」、「何事にも屈しないチャレンジ精神」という意味があります。在校生は「赤鬼魂」の精神で、部活や学園祭や進路実現に取り組んでいます。

旧制第一中学校の時代から続く彦根東高校の応援歌の歌詞には、「嗚呼英傑が夢の跡、歴史は遠く四百年、金亀城頭我立ちて、尚武の風に嘯けば、花橘の香に匂ふ、健児の意気は天を衝く」という、彦根藩井伊家を前提にしている応援歌も残っていた。橘は井伊家の家紋に用いられている。

高校時代、この応援歌を叫んでいたときに、「健児の意気」という言葉に魅かれ、その魂を継がなければいけないと思ったものだった。

その後、私は作家を志し、上京して、日本交通公社（現ＪＴＢ）で働きながら早稲田大学第二文学部日本文学科（夜学）に在籍した。しかし、同人誌の先輩に「才能がない」と二、三度宣告を受け、同年代の若手作家の作品を読み、「これはダメだ」と作家になることを断念した。

三年間、ほとんど通わなかった二文を辞め、翌年同大学の第一文学部史学科に再入学し、ジャーナリストを目指した。当時、二歳年上に、露文の学生だった五木寛之がいた。

学生時代を人の倍近く過ごした私は、駆けあがるようにジャーナリストの仕事にまい進した。新聞テレビを賑わすような著名人たちと数知れず会い続けた。私はどんな人間に会おうとも、臆せず、聞きたい話を誠実に、ストレートに聞いた。決して、手もみの取材はしなかった。

そんな私の心根を支えていたのが、いま思うと「赤鬼魂」だったのではないかと思える。

節約の城・彦根城は、私たちに何を語りかけているか

いまでも私は、年に二、三回は彦根に帰省する。新幹線「ひかり」で向かい、米原駅で下車。米原駅から車で彦根に向かうのだが、その車中で味わう〝わくわく感〟は幾つになっても消えるものではない。

車中から見えてくる彦根城の天守閣が、視界の中で次第に大きくなって流れていく景色は、私に帰ってきたという安堵感を与えてくれる。晴れの日も、曇りの日も、雪の日であったとしても、何度見ても見惚れるほど美しい光景なのである。

私にとっての彦根城とは、私自身が最も大切にしている原風景の一つで、井伊家とリンクしながら、私という人間を構成する大切な要素になっている。

いまでも思い出すのは、彦根城の石段登りである。高校の一年のときだ。私は硬式野球部に入部し、夕方は城内にあった高校からお堀を一周し、彦根城の石段を上まで走って登った。これを毎日していたのだ。

晴れの日はもちろん、雨、雪の日も、石段登りがあった。かなりデコボコした石段で、真っ直ぐではないため、その石段を走りながら登るのは相当きつかったことを思い出す。

彦根城はいまもたびたび歩いているが、築城について、簡単に説明する（詳しくは第4章）。彦根城は、将軍家康の命により行われた天下普請《てんかぶしん》だった。公儀御奉行が付き、一二大名が築城に参加した。天下普請は一六〇六年（慶長一一年）に完了し、一六一六年（元和二年）からは彦根藩のみで工事を行ったという。

彦根城は、〝節約の城〟である。天守閣は京極高次が城主を務めた大津城の五層の天守閣を、三層にして移築した。もともと五層だった天守閣を三層にしたので、天守閣に近づくと形がほんの少しいびつかもしれない。彦根市内であれば、町のどこを歩いていても天守閣が見えるくらい山の上のほうにそびえている。

長浜城から天秤櫓《てんびんやぐら》、佐和山《さわやま》城からは佐和口多門《さわぐちたもん》櫓と太鼓聞《たいこもん》櫓、小谷城から西の丸三重櫓、観音寺城などからも移築されたと言われている。建物や石材の移築転用は、縁起担ぎとコスト削減、工期短縮のために行われていたのだ。

彦根城内にある彦根城博物館に奥御殿が再現されている。藩主の家族が暮らした住まいになるが、三五万石（彦根藩領地から三〇万石・幕府領から五万石）のお殿様の住まいとは思えぬ質素な佇まいだった。もっと豪華にしていいのでは、と思うほどの質素な様子からは、質実剛健な感じで、無駄遣いを嫌う家風が感じられた。

彦根城は、江戸期に築城された天守閣がそのまま残っている城であるが、こうした城は全国で弘前、松本、犬山、丸岡、姫路、備中松山、松江、丸亀、松山、宇和島、高知、そして彦根を含めた一二城ある。このうち松本、犬山、彦根、姫路、松江の五城の天守閣は国宝に指定されている。

彦根の地に城を構えるよう井伊家に命を出した徳川家康の意図は、京都警護と大坂城の豊臣家に睨みを効かせるためだった。東の大名が京都、大坂に上るためには、彦根を通らなくてはならず、逆に西の大名が江戸に向かうときにもまた、同様である。彦根はこのように交通の要所だったのだ。

しかし、交通の要所だった彦根に、昭和の、高度経済成長の時代の、彦根人たちはじつに味のある判断を下した。彦根藩三五万石の土地柄だけに、本来であれば、新幹線なども米原ではなく、彦根に停まるべきだった。

だが、そこが彦根人のおもしろいところで、新幹線開通のための工事が始まる前に、彦根停車を打診された彦根人たちは、みんな反対したのである。「新幹線が町に停車すると、風紀が乱れる」というのが理由だった。彦根人はみな彦根好きで、彦根に誇りを感じているのである。

「忠義」という生き方の過酷さ〜抹殺された二人の忠臣〜

私がまだ彦根の実家で暮らしていた頃の話である。私の実家の離れの二階から、右のほうに佐和山が見え、左のほうには彦根城が見えた。

佐和山は、豊臣秀吉のもとで奉行として活躍した寵臣・石田三成の居城・佐和山城があった。左のほうの彦根城には幕末・井伊直弼が登場した。

井伊直弼というと、幕末、鎖国政策を二五〇年以上も続けてきた幕府に開国・交易の判断をさせた大老である。安政の大獄が原因で、水戸・薩摩の志士たちによって、桜田門外で暗殺された。

左右の城と山を眺めながら、私は右の石田三成のように生きようとすると、徳川三〇〇年の間、まったく抹殺された三成の人生があった。左の彦根城・井伊直弼のように生きようとすると、開国以来明治・大正・昭和の一二〇年間、同じくまったく抹殺された人生が待っていた。

右に行っても、左に行っても明日はないということを感じていた。左右どちらの生き方にも明るい展望がなく、閉塞の状態だった。しかし、どちらの生き方も主家を守るという忠義の姿があった。

江戸時代を通じて、石田三成は豊臣家を破滅に導いた家臣としての汚名を着ることになった。しかも、彦根城近くにあった佐和山城は、彦根藩の藩祖である井伊直政の死後、直政の死が三成の祟りとの噂が流れると、その噂を聞いた将軍家康は佐和山城の五層あった天守閣から石垣など破壊し尽くしたという。

家康はさらに、佐和山に立ち入ることを禁止し、佐和山を取り囲むように井伊家所縁の寺で佐和山を取り囲んでしまったのである。

しかし、家康から見れば、三成はそうなのかもしれないが、三成があの時点で、関ヶ原の戦いで家康に挑んだのは決して誤りではなかった。大谷吉継などは「時期尚早である」と詰め寄ったというが、決してそうとも言えない。三成は、豊臣家への義を貫くことで、関ヶ原の戦いで戦勝となった豊臣恩顧の大名たち、そりは合わなかったがかつての同僚武将たちに、豊臣家への義を忘れるなと言いたかったはずだ。

その己の想いをしっかりと伝えるために、三成は関ヶ原の戦場や、逃亡した隠れ場所での切腹はあり得なかった。あくまで、家康の手によって、打ち首になることが必要だったのだ。

堺・京都を引き回しのうえ、打ち首になるという、その惨めな姿をさらすことで、豊臣家への義を貫こうとしたのである。少なくとも、同じ子飼いの加藤清正はそう思った。関ヶ原の戦い以降の清正には、三成の義を感じる。

井伊直弼はどうかといえば、違勅で通商の英断を下したことに、水戸・薩摩の志士たちは怒り狂うが（第5章で詳しく触れる）、その彼らは清《しん》でのアヘン戦争以降の実態を理解しているのか。通商せずとアメリカに通告した場合に、第二のアヘン戦争が起こり、日本はどのような状況になるかを理解していたのか。

井伊直弼は時代の先をしっかりと見すえていた。そして、先ほどの志士たちに殺されるのだが、明治維新後、勝者である薩長の政治家たちは、直弼と同じような判断をした。直弼は通商条約を結ぶことが、徳川幕府、ひいては日本のために善と判断したが、その判断は決して誤っていなかった。直弼もまた徳川家への義を貫いたのだ。明治維新以降の歴史では、直弼は極悪人として断罪される評価を得ることとなる。狙われて身が危ないことは百も承知していた直弼は逃げ隠れせず、水戸・薩摩の志士たち一八人に襲われて死ぬ。直弼は死に際しても逃げ隠れしなかったのである。彦根という町は、義が生きる町である。しかし、義を貫くとは、己の身を顧みない強い意志が求められているのである。

平成の時代、日本人は〝逃げない生き方〟を貫いているか？

大老・井伊直弼をすごいと思うのは、たとえ不利なことでも必要であれば口に出す、行動に起こすというところだ。その信念を貫く生き様に、〝逃げない生き方〟を感じている。私は若い頃から、井伊直弼をテーマにした書籍をかなり読み込んできた。直弼は死を覚悟して、死んでもいいから欧米列強との通商を行うという決断をした。

私たちが彼から学ぶべきことは、〝逃げない生き方〟と、大義ある判断である。大義、いまの時代でいうと、「社会のため」ということになるだろう。

井伊直弼関連の書籍を読みながら、戦後の政治家で直弼に近い政治家は誰だろうと考えたことがある。私は歴史学者ではないので、こうした胆略的な考え方が許されると思っている。自分なりに考え、出てきた回答は、大平正芳氏だった。

大平氏はハト派で、保守の政治家である。大平氏は時の首相として、財政の悪化を受けて消費税導入をやるべきと判断し、選挙の争点にして、総選挙を断行した。総選挙の結果は惨敗だったが、まだ政権与党であり続けた。

そこで、もう一回チャレンジしたのだが、総選挙中に突然亡くなってしまった。

消費税導入を選挙の争点にしたならば、総選挙では絶対にマイナスと思いながら、たとえ不利であっても、将来の日本を思い、導入について真剣になって国民に訴える姿が、私の脳裏に焼き付いている。まさに直弼の〝逃げない生き方〟を貫いた姿と重なるものがあるだろう。

その意味では、宮澤喜一氏もまた〝逃げない生き方〟を貫く政治家だったと思われる。一方で、アンチ大平、アンチ宮澤の典型だったのが、中曽根康弘氏だった。私は、中曽根氏が自民党総裁になるときに、『文藝春秋』でインタビューした。「あなたは『風見鶏だ』と言われていますね」と聞くと、「だからいいのではないか」と彼は答えた。先も見ないで飛び立ったら危ないという意味だろう。まさに、風見鶏だった。

井伊直弼は風見鶏ではない。危なくとも飛び立つ政治家だった。その〝逃げない生き方〟こそ見習うべきなのだ。

風見鶏の姿を、たとえば戦国時代に置き換えると、どちらが勝つかを見極めてから、付き従おうとする姿になるだろう。それも、武将の一つの生き方ではあるが、不思議と風見鶏的な武将の末路は哀れで、消えるように滅亡する。小早川秀秋などがそうだ。

その点、西軍の武将だった大谷吉継は、戦況は不利とわかっていても、朋友である石田三成に己の命を預け、最後は関ヶ原の戦場に散った。家康も吉継の首が運ばれてくると、涙を漏らしながら話しかけ、丁重に葬ったという。信念を貫くことで、敵もまた認めるのである。

井伊家で考えると、どうなるだろう。徳川四天王と呼ばれた井伊直政は風見鶏だったろうか。井伊家は譜代大名筆頭として、徳川幕府内で大老職を得た。これは、直政が一途に家康に付き従ったからである。直政もまた、〝逃げない生き方〟を貫いていたのだ。

これからの日本を考えるときに、政治家はもちろん、国民に求められるものは〝逃げない生き方〟を貫くことではないだろうか。

私の生きてきた年表を振り返る中で思えば、全共闘時代の若者たちは、まさに〝逃げない生き方〟を貫いている世代だったと考えられる。

その後、筑紫哲也氏が『朝日ジャーナル』の編集長になった頃、浅田彰氏を登場させる。そして、浅田氏の世代周辺を、筑紫氏は「新人類」と名付けた。全共闘以後の新しい世代である。

全共闘は逃げないが、新人類は逃げる人が多い。私はそう感じていた。

自分たちの信じる革命を実現するために闘い、全共闘世代の若者たちは〝逃げない生き方〟を貫いた。そこには混迷する時代を打破したい、苦難の時代を乗り越えたい想いもまたあった。

ところが、新人類の世代はそうではなかった。全共闘世代の何としても貫こうとする〝逃げない生き方〟を見て、本当にその生き方でいいのか、逃げる道もあるのではないかと考えてしまったのだ。言うなれば、彼らは風見鶏であろう。

そんな新人類の世代が現在、還暦前後の年齢となっている。政治家の世界では働き盛りの世代だが、この世代の政治家に、〝逃げない生き方〟を貫く者は現れるのだろうか。

いま、自民党の若手議員を見ていると、必要なことがあってもなかなか口に出さない議員が多い。それが気になっている。新人類以降の世代に、〝逃げない生き方〟を貫いているると心から思わせるような人物は、まだ現れていないように感じる。気づけば風見鶏ばかりがリーダーになりつつあるこの国の行く末を思うと、何とも心もとない気持ちにならざるを得ないのだった。

どう生き抜くかを、井伊家は教えてくれる

二〇一六年（平成二八年）のＮＨＫ大河ドラマ「真田丸」も、二〇一七年（平成二九年）の大河ドラマ「おんな城主 直虎」も、戦国の時代をどう生き抜くかがテーマである。女城主・井伊直虎は、井伊直政を養母として育てる。育てながら直虎は、非常に難しい政治判断を下していく。戦国時代、遠江国は今川氏真、武田信玄、徳川家康に囲まれる土地だった。

直虎は一族を根絶やしにしようとする今川家との関係を絶ち、井伊家の繁栄を願って、どの戦国大名と組んだらいいのか真剣に考えた。情報を集め、その相手選びに、一族の寺である龍潭寺の南渓和尚の力を借りながら考えた。

直虎と南渓和尚は、確かな目を持っていた。その答えは、徳川家康だった。戦国時代を生き抜くために、どの戦国大名と手を組んだらいいのか、その選択と決断はとても難しかった。この判断に存亡が左右されるからである。

井伊直虎は由緒正しい血筋を持つ国人領主だったが、今川家に翻弄され滅亡の危機に瀕したが、井伊直政を徳川家康の家臣にさせることで、その危機を回避した。そして、直政の時代に、徳川家康の重臣として大輪の花を咲かせることになった。

この井伊家の歩みは、現在の世界情勢と似ているとも言える。どの国とどう付き合えばいいか、つまり自国だけで守れる国は世界に三国しかない。アメリカ、中国、ロシアである。日本も、ドイツも、フランスも、イギリスも、自国だけで国を守れない。他国とどう組むのかが問われているのである。その意味では、戦国時代の直虎と同じだ。

戦後の日本人は、受動的に生きてきた。日本人は本気で日本国の安全保障を考えたことがない。太平洋戦争に負けて以降七一年間、自国の安全保障をすべてアメリカ任せにしてきた。

アメリカ大統領が誰になろうと、日米安保契約がすぐになくなることはないが、日本の安全保障をアメリカに委ねるという時代は過ぎ去ろうとしている。日本の安全保障をアメリカに委ねているということは、日本人自身が自国の安全保障について主体性を放棄したことになる。

自衛隊を創設するときも「自衛隊は戦力ではない。警察権の延長です。交戦権はありません。日本の安全保障については改めて考える」とすべて先送りにしてきた。しかし、世界的に見て日本の軍事費は世界第5位にある。海上自衛隊は世界第2位である。

日本の安全保障を真正面からまともに考えざるを得ない時代が来ている。そのことを自覚すると、私たちは憲法問題を、私たちの問題として真剣に向き合う必要がある。憲法を変えないということは、安全保障を考えるうえで相当な足かせになるからだ。

さて、話を元に戻し、自国だけで守れない日本は、どの国とどう組んだらいいのだろうか。まさに、直虎と同じ悩みである。

ロシアは一つのキーワードになる。安倍晋三首相はプーチン大統領と幾度も会談を行っている。平和条約を締結して、北方領土問題を解決した場合、ロシアと日本の関係がかなりよくなるだろう。もちろん、そうなるとアメリカから牽制は入るだろうが、ただ日本がロシアと安全保障で組んだとしても、日本にとって全然いいことはないだろう。

もちろん、ロシアとの交渉は大事である。北方領土の、歯舞・色丹の二島返還は難しいが、二島返還の交渉を続けることは大切なのである。これから日本は国際社会の中で、どのような舵取りをしていくべきか。どの国と組むかが問われる時代である。今後、ますます戦略思考や戦術思考が重要になってくるはずだ。

私の考えでは、組むのはやはりアメリカである。アメリカと組みながら、中国とどう組むのか、韓国とどう組むのか、ロシアとは、を考えることであろう。アメリカとの関係をなくして、中国と組むことはあり得ない。アメリカとの関係なくして、ロシアと組むことはあり得ないのである。

混迷する目先の時代をどう生き抜くかを、井伊直虎、直政、直弼の生き様から学ぶことができると思う。

思えば、私たち戦後日本人の一番の問題点は、積極思考をしてこなかったことだ。すべて、受動的な生き方に流れ、積極的に考えるということを諦めたのである。この生き方を改める時期が来た。主体的な生き方にギアチェンジする必要がある。

その意味でも、改めて井伊直弼に学び、井伊直虎を知ることは大きい。

column

井伊直弼の曾孫は殿様市長

彦根人ならば誰もが知っている井伊直愛《なおよし》氏。幕末の大老井伊直弼の曾孫にあたる。旧彦根藩主井伊家の第一六代当主で、戦前は伯爵。戦後、一九四七年（昭和二二年）、父・直忠の死去から間もなく華族制度が廃止され、井伊家の伯爵位も失効した。

事典風に解説すると、一九一〇年（明治四三年）七月に生まれ。その後、東京帝国大学農学部水産学科から同大学院に学ぶ。東大農学部嘱託、文部省資源科学研究所や滋賀県水産試験場、滋賀大学経済学部講師などを歴任した。

直愛氏は生前、「殿様市長」と呼ばれ、彦根人に愛された。戦前は東京暮らしだったが、戦時中に彦根に疎開。奥方・文子が結核で一〇年間、寝込む。東京よりも空気が良いので、戦後もそのまま彦根在住となったが、一九五三年（昭和二八年）に周囲から推され市長選挙に立候補し、見事当選した。

それから連続九期、三六年にもわたり市長を勤めた。私も二、三度、お会いしている。在任中の一九六八年（昭和四三年）明治百年を契機に、桜田門外の変以来のわだかまりを捨て、彦根市長・井伊家当主として、水戸市の木村伝兵衛市長と話し合い、同市と親善都市盟約を締結、マスコミを賑わした。また、坂東八十助（一〇代目三津五郎）さんと一緒にネスカフェのCMに出たこともあった。彦根市名誉市民にもなっている。

一九九三年（平成五年）一二月、胃癌のため彦根市自宅で逝去、八三歳だった。

第2章

「井伊家」千年の歴史

——押さえておきたい史実を知る

平安中期、井伊家出生譚

浜松市は現在、戦国時代の武将たちが街の活気を高めているようだ。

二〇一五年（平成二七年）は一年がかりで「家康公四百年祭」を行い、ゆるキャラグランプリで一位を獲得した浜松市のマスコットキャラクター「出世大名家康くん」の活躍もあり、観光客二四万五〇〇〇人（市外・県外からの観光客数）を集めた。

また、二〇一六年（平成二八年）後半から二〇一七年（平成二九年）にかけては、その徳川家を譜代大名として三百年間支え続けた井伊家の中興の祖、おんな城主井伊直虎がＮＨＫ大河ドラマで描かれることになり、さらなる街の活気をつくることになりそうだ。

その井伊家誕生の地をこの目で確かめたいと思った私だが、そのための時間をなかなかつくることができなかった。

以下は、ライターの鮫島敦氏が実際に取材してまとめた文である。

七月一一日に新幹線ひかりで浜松駅に向かった。ホームには新幹線通勤のサラリーマンたちの姿がちらほら見える、朝七時三分発のひかり四六一号だった。

八時三一分に浜松駅に着。先ほどのサラリーマンたちの多くは浜松駅で降りたようだ。浜松といえば、カワイピアノが有名な株式会社河合楽器製作所や自動車のスズキ株式会社、ヤマハ株式会社などの大手企業が数多くの工場を構えている。製造品出荷額約一六兆円の東海工業地帯の一大中心地が浜松市なのである。

私（鮫島）は、井伊家ゆかりの地、井伊谷に向かうため、駅の北口にある遠鉄バスの乗り場を探した。

井伊氏のはじまりは古く、平安中期の一〇一〇年（寛弘七年）に、井伊谷の井戸の傍らで見つかった赤子、後の井伊共保《ともやす》が初代だという。藤原鎌足の子孫で遠江《とおとうみ》を治めていた志津《しづ》城の城主・藤原共資《ともすけ》が、元旦の祈禱を渭伊《いい》神社で終えた後、この御手洗の井戸で、神様から赤ん坊を授かったという。

この神童は共保と名付けられ、共資の養子に迎えられたが、後に「井伊」という郷名を家名として井伊共保と名乗った。井伊谷を領地とし、旗印を井桁に、家紋を出生時に井戸の傍らに咲いていた橘の花としたそうだ。

この赤子が見つかった井戸が、いまもあるという。今回の小さな旅はこの井戸を一目見てみようというものだった。

浜松駅は、すでに大河ドラマ「おんな城主　直虎」に沸いていた。井伊家の「家紋」と「女城主　井伊直虎」「ゆかりの地・浜松」「平成二九年大河ドラマ　おんな城主　直虎」と書かれたエンジ色の大きな看板が人目につきやすい壁に据えられていた。また、遠鉄バス案内所には、同じエンジ色の「直虎」の団扇が置かれていた。

遠鉄バスの乗り場は迷うことのない、わかりやすい場所にあった。一五番乗り場、九時一五分発の奥山行に乗る。バスの運賃は六八〇円。降車の際に運賃を支払うバスだった。停留所は「神宮寺」。乗車時間は一時間ちょっととわりとかかった。乗車中、徳川家康の居城だった浜松城の公園前を通ったり、家康が西上する武田信玄と戦った「三《み》方原《かたはら》」といった戦国時代に馴染み深い停留所があったりした。

一時間かけて「神宮寺」に着くと、ありがたいことにコンビニが近くにあった。この日はまだ梅雨の季節だったのだが、梅雨を忘れかけたような猛暑の一日で、コンビニで冷たいお茶のペットボトルを購入した。

さて、井伊共保の出生に深く関わる井戸を見ようと歩を進めることにした。緩やか

井伊谷と龍潭寺周辺地図

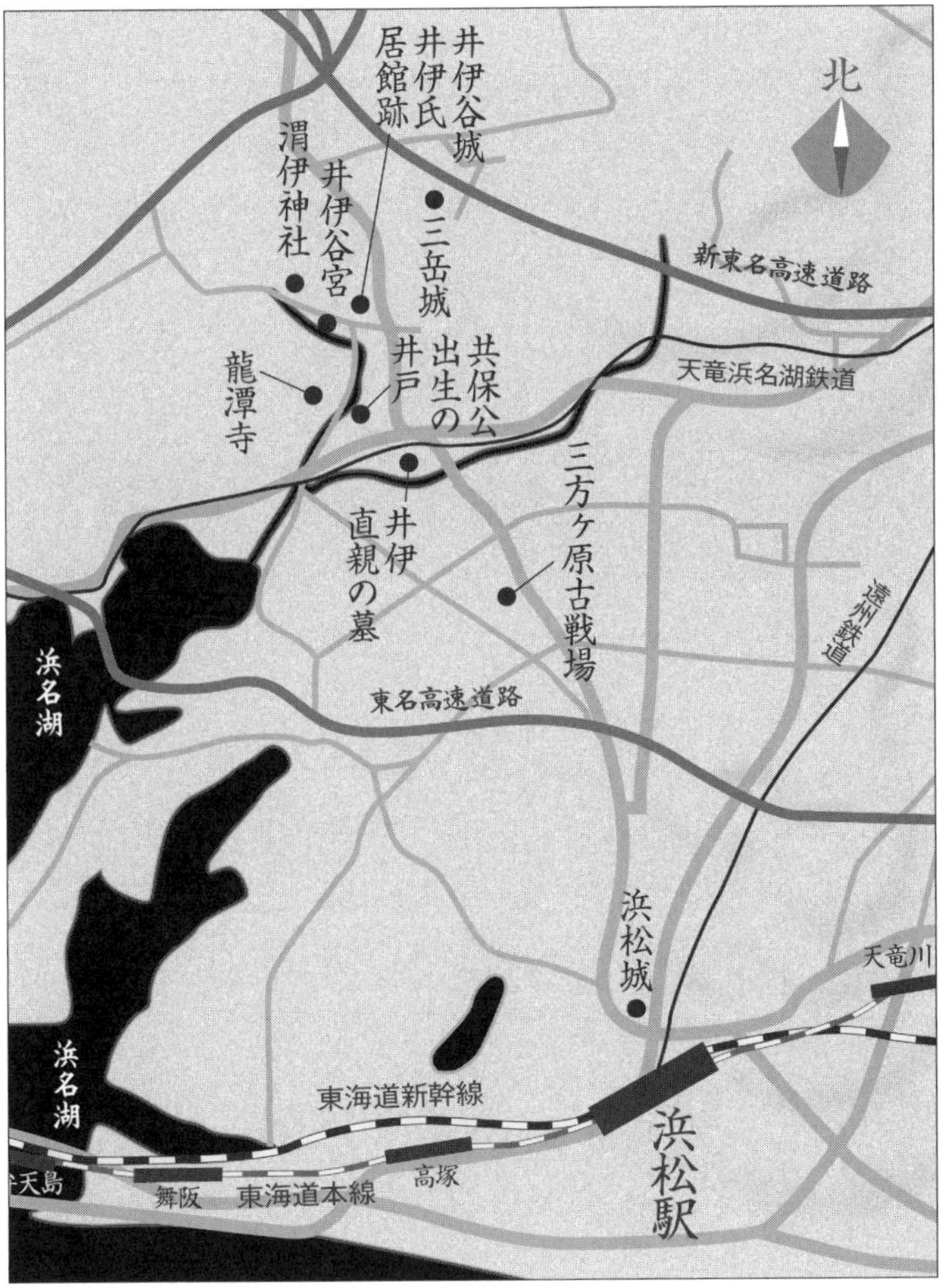

井伊家誕生の井戸

な下り坂を歩く。まもなく神宮寺川を渡り、右手に井伊家と関わりの深い神宮寺、そのすぐ横に井伊家の菩提寺である龍潭寺が見える。

その龍潭寺から南に歩いて二分の、稲の緑一面の田んぼの中に、井伊家の初代当主、井伊共保が授けられたという伝説の井戸があった。五坪ほどの土地の左端に井戸があり、その横に「祖霊之地」「八幡宮」の石碑などが鎮座している。その周りを白い土塀が囲み、その入り口には白い門が構えられていた。

平安時代の頃、江戸時代までは正八幡宮と呼ばれていた渭伊神社は龍潭寺の境内にあり、この井戸は渭伊神社のものだった。井伊共保の出生についてはさまざまな伝説がある。その一つが先述したように、井戸で見つかり藤原共資の養子となった説だが、史説では、共保は拾われた子ではなく、井端谷《いばたや》篤茂《あつしげ》の娘と共資の実の息子であるとも言われている。

先ほどの神宮寺川は少し先で井伊谷川と一つになり、その井伊谷川をそのまま河口に向かって歩いていくと、ほどなく浜名湖に出ることができる。浜名湖はその昔、遠《とお》つ淡海《あわのうみ》と言われていた。その湖の北に山々の間を縫うようにして井伊谷があった。そこは古代から井の国と言われ、清らかな水が生まれる聖なる地だったのである。

まさに、井伊家の故郷は地味豊かな土地柄だったことがわかる。三つの岳からなる端麗な三岳山《みたけやま》を中心にした緑豊かな井伊谷の風景は、武士としての実力を蓄えるには格好の土地だったと言える。

伝説の井戸を拝見した私は、彦根城主になる前までの井伊家の歴史に詳しい龍潭寺の先代住職にお会いすることになっていた。

井伊家千年と武士の誕生

一〇一〇年（寛弘七年）、平安中期の京では藤原道長が政治の中心だった。この時期に、井伊谷の井戸の傍らで見つかった赤子が井伊家の始まりだった。それから約千年後の二〇一六年（平成二八年）現在、彦根・井伊家本家の一八代当主である井伊直岳氏は、彦根市役所の職員として、彦根市歴史編纂室長の仕事をされている。

井伊家は千年の歴史を持つ武士の一族なのである。

本書で後に登場する井伊直政は、一五七五年（天正三年）に徳川家康に小姓として仕えるが、その家康は、井伊家のその長い歴史と由緒正しい出自を大いに尊重したと言われている。卑賤の身から天下人に成り上がった豊臣秀吉もまた、井伊家の血筋を大いに讃えたという。

ここで少し、そもそもの〝武士〟の成り立ちについて紐解いておきたい。

井伊家はじまりの一〇一〇年から遡ること七〇年前、九四〇年（天慶三年）前後の関東平野では、平将門の軍が関東諸国にある国衙《こくが》を襲っていた。国衙とは、律令制における各地の役所のことである。この反乱は一族の領地境界線の争いから端を発したものだったが、戦いは次第に拡大し、将門は関東諸国を自分の領にしようとしたのだ。

京の朝廷から独立した将門は、自らを「新皇」と名乗り出した。将門は、もともと桓武《かんむ》天皇の血を引いているため、「ならば関東を独立国にして、関東の王になろう」と考えたのだ。

しかし、将門の目論見は達成されることなく、一族の平貞盛（後に伊勢平氏の流れとなり、平清盛に連なる）と藤原秀郷《ひでさと》の連合に敗れ去った。

同時期に、瀬戸内海では藤原純友《すみとも》が海賊勢力と意を結び、地方官として赴任していた伊予国《いよのくに》で反乱を起こした。その勢いは日増しに強くなり、瀬戸内海を通じて、船で一気に京に攻め込もうとしたのだ。しかし結局、小野好古《おののよしふる》、源経基《つねもと》（清和源氏の祖。後に源義朝、源頼朝に連なる）によって鎮圧されてしまった。

この承平天慶《じょうへいてんぎょう》の乱で、朝廷の側に立ち、反乱軍を鎮圧した武士たちは正当なる「武芸の家系」と認められ、この家系は国衙の軍制を編成する軍事力として役人たちに大いに頼りにされた。このように公認された者たちが、いずれ武士になっていくのである。

承平天慶の乱以前の九世紀半ばから、東国ではさまざまな反抗や反乱が目立つようになっていた。これは、律令制の停滞と崩壊が次第に進む中で、東国では国衙の軍団が廃止され、常置の国家軍がなくなったからである。

このため、国衙の厳しい調庸などの税の取り立てに反抗した群盗の横行が頻発した。各地に捕虜として抑留されていた蝦夷による俘囚《ふしゅう》の反乱も、その一つだ。

朝廷はこれらの鎮圧のために、桓武平氏や清和源氏などの軍事貴族層を国司（当時の役人）として派遣するとともに、国衙に治安維持のための検非違使《けびいし》という役職を設置するなどの政策をとっていったが、それでは収まらず、そこで「武芸の家系」の一族の軍事力を活用するようになった。

桓武平氏の軍事貴族層は国司の任期が終わっても京には戻らず、その土地に土着し、先ほどの平将門や貞盛たちが武士として歴史上に登場することになるのである。

土着するとは、田地の開発・経営ができる領主になることだ。彼らは抵抗する配下の農民と、朝廷から任命されてきた受領という役人の介入に対抗するために、武装していった。そして自らも富豪になり、軍事力を背景に富豪相互、あるいは富豪と受領の確執の調停者として、地方に勢力を拡大していく。

こうして、彼らが、〝武士〟の原型になっていくのである。

もちろん、この解説だけでは、平氏、源氏、藤原氏などを起源とする都武士、朝廷や院などの権門と密接に結びついた上級武士の起源は説明できない。しかしながら、本書は武士の誕生を解説する書籍ではないので、この点については専門書に譲ることにする。

このように、九世紀後半から武士の原型が登場し始め、一〇世紀後半になると土着武士の力が侮りがたいものに成長してくる。平家政権、鎌倉幕府の出現までの二〇〇年の間に、武士は一日一日力を蓄え、日本の国を担うまでに成長するのである。

時代の覇者として国を動かすことになる武士たちが力を蓄えている時期に、井伊家は井伊谷にて誕生した。武士の中ではかなり早い誕生だったのだ。

浜松・龍潭寺住職から学ぶ

話を現在の浜松の地に戻そう。

井伊家の菩提寺・龍潭寺の先代住職である武藤全裕師とは、七月一一日の午前一一時三〇分にお会いすることになっていた。多忙を極める武藤全裕師に無理をお願いし、一時間ほど時間をいただいた。

龍潭寺の入り口前は無料の大駐車場があり、多くの観光客が訪れる寺院であることが伝わる。井伊家ゆかりの寺として、東海地区では有名な観光地になっているのだ。

その奥に、外観がスッキリとした小ぎれいなお土産屋が目を引いた。その入り口横にあった自動販売機がエンジ色のせいかすごく目立っていたのだ。その自販機の側面には、「井伊直虎は女にこそあれ、井伊家総領に生まれ候」と大きく書かれている。井伊家と縁が深い龍潭寺もまた一足先に、二〇一七年の大河ドラマを先取りしていたのだ。

龍潭寺に一歩足を踏み入れると、そこには喧騒と猛暑を忘れさせる空間が広がっていた。奥深い大きな緑に囲まれた石段の先に大門が見える。深い緑に囲まれた境内を歩くと、鐘楼堂が左手に、すぐ近くに東門があった。奥へと歩を進めると、龍潭寺本堂の入り口へとたどり着く。武藤全裕師とお会いする旨を受付の方に話すと、手際よく応対していただいた。

井伊家系図

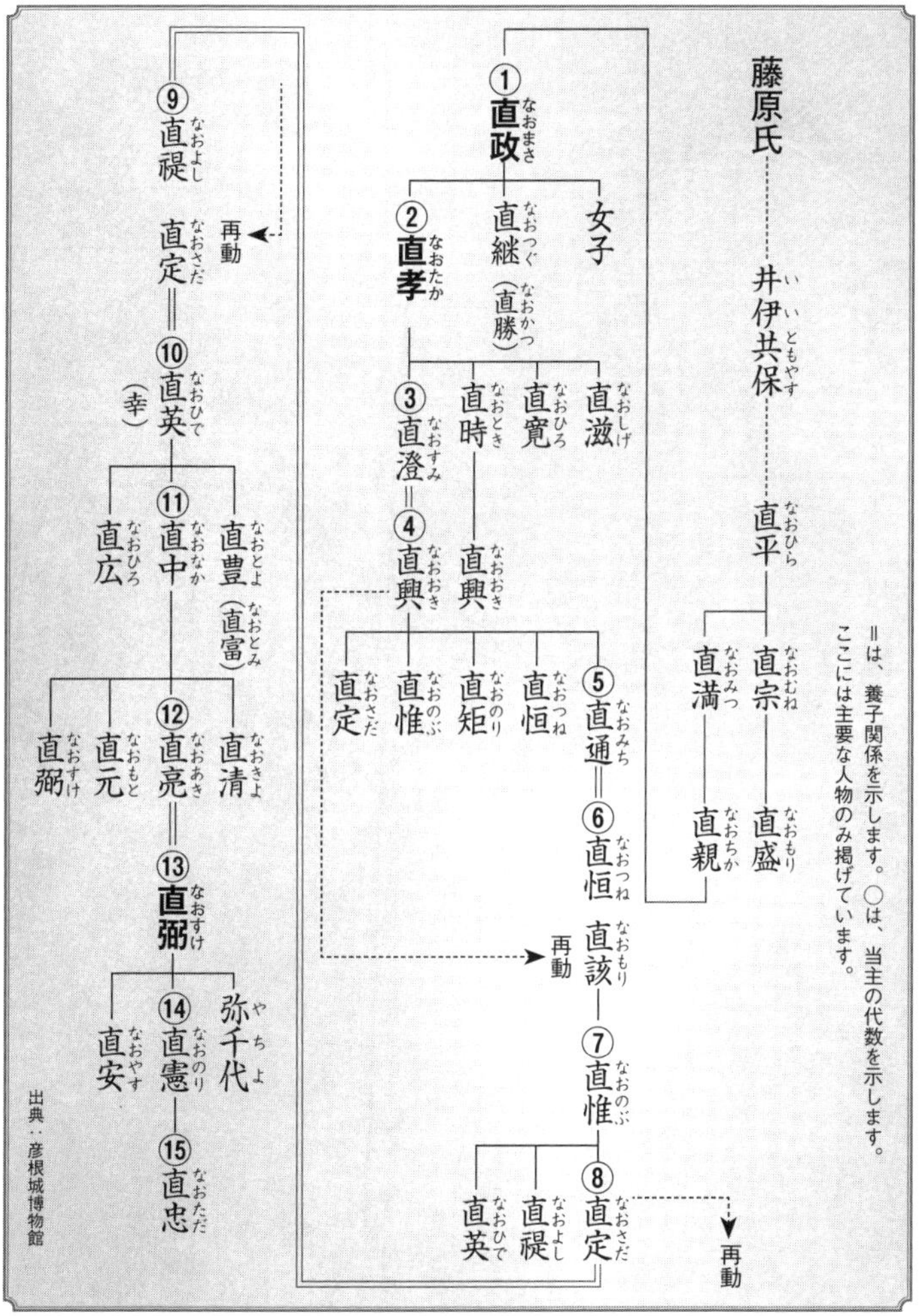
藤原氏
井伊共保《いいともやす》
直平《なおひら》
直宗《なおむね》
直満《なおみつ》
直盛《なおもり》
直親《なおちか》
＝は、養子関係を示します。○は、当主の代数を示します。
ここには主要な人物のみ掲げています。
①直政《なおまさ》
女子
直継《なおつぐ》（直勝《なおかつ》）
②直孝《なおたか》
直滋《なおしげ》
直寛《なおひろ》
直時《なおとき》
③直澄《なおすみ》
④直興《なおおき》
直興《なおおき》
⑤直通《なおみち》
直恒《なおつね》
直矩《なおのり》
直惟《なおのぶ》
直定《なおさだ》
⑥直恒《なおつね》
直該《なおもり》
再動
⑦直惟《なおのぶ》
⑧直定《なおさだ》
直禔《なおよし》
直英《なおひで》
再動
⑨直禔《なおよし》
直定《なおさだ》
再動
⑩直英《なおひで》（幸）
直豊《なおとよ》（直富《なおとみ》）
⑪直中《なおなか》
直広《なおひろ》
直清《なおきよ》
⑫直亮《なおあき》
直元《なおもと》
直弼《なおすけ》
⑬直弼《なおすけ》
弥千代《やちよ》
⑭直憲《なおのり》
直安《なおやす》
⑮直忠《なおただ》
出典：彦根城博物館

「本堂は一六七六年（延宝四年）、開山堂は一七〇二年（元禄一五年）、井伊家霊屋は一七四二年（寛保二年）、稲荷堂は一七九六年（寛政八年）と、みな江戸時代です。私たちが暮らす庫裡《くり》が一番新しいのですが、それでも一八一五年（文化一二年）に建立されたことが棟札《むなふだ》から判明しています」

私を庫裡に迎え入れた武藤全裕師は、一気にお話しされた。続けて、

「山門を含めたこれら六棟が、静岡県指定有形文化財に指定されています。また、本堂の北側には、小堀遠州《こぼりえんしゅう》が作庭し、国から日本国指定名勝の指定を受けた小堀遠州作名勝庭園があります。これらの建物は県指定文化財なので、勝手に手を加えることができません。クーラーなどは間違ってもつけられません。庫裡も同じです。このように扇風機三台を回すしか、涼しくする方法はありません」

武藤全裕師はそのように話されるが、龍潭寺のような大きな木造建物の中に入ると、その空気にかすかな涼を感じるものである。

続いて武藤全裕師は、龍潭寺の歴史を語り始めた。

「龍潭寺は、浜名湖湖北五山《こほくござん》の一つで、歴代井伊家と、南北朝時代の後醍醐天皇の皇

子・宗良《むねよし》親王の菩提寺です。宗良親王は三岳城に迎えられ、北朝軍の足利幕府軍と戦った勇猛な皇子だったと言います。

一七三〇年（享保一五年）に祖山《そざん》和尚がまとめた『井伊家伝記』をはじめ、井伊家について書かれた古文書が、寺には残っております。

初代・共保から二十四代・直政までの井伊家歴代墓所には、来年の大河ドラマの主人公、井伊直虎の五輪塔もあります。直虎は龍潭寺で出家し、『次郎《じろう》法師』と名乗ったとされ、寺とは大変ゆかりのある人物です。

歴代墓所の近くには、井伊家と深い関わりのあった人物の一人、直虎の母の兄で、今川家出身の目付家老・新野《にいの》左馬助《さまのすけ》のお墓もあります。左馬助は、今川家と井伊家の間に立って幼い直政を守ったとされる、井伊家にとって非常に重要な家臣でした」

お話をうかがっていると、龍潭寺は井伊家との関わりがなぜこれほど深いのか、素朴な疑問が湧いてきた。その疑問を尋ねると、武藤全裕師は寺の起源について説明された。

「龍潭寺は臨済宗妙心寺派です。その起源は行基《ぎょうき》が七三三年（天平五年）に開いた八幡山地蔵寺《はちまんさんじぞうじ》でした。一三八五年（元中二年）には、先ほどの宗良親王の法名をとって冷湛寺《れいたんじ》となりました。その後、一五三二年（天文元年）に井伊直平が臨済宗妙心寺派に改宗したのを機に龍泰寺《りゅうたいじ》に、一五六〇年（永禄三年）に井伊直盛の法名から龍潭寺と改名されました」

奈良時代に行基が開基となった寺は多く、全国に七〇ほどはあるが、寺伝や伝承まで含めると、一〇〇を超える数である。この七〇ほどの寺に共通するのは、いずれも地味豊かな土地柄に寺があることだった。

「直虎の生きた弘治、永禄、元亀、天正の時代に、龍潭寺の住職をつとめたのが、井伊直平の養子だった南渓和尚でした。たびたび見舞われる一族滅亡の危機から、井伊家を救おうと尽力した僧侶です。

直虎の父・直盛《なおもり》は桶狭間の戦いで戦死してしまい、直虎の母は未亡人となってしまうのですが、彼女のために龍潭寺に松岳院《しょうがくいん》という庵を建てたのも、南渓和尚でした。直虎は井伊谷城を出た後に、母とともにこの松岳院で暮らしたそうです。

また、直政の父・直親《なおちか》は、いまも寺に残る『世継千手観音像《よつぎせんじゅかんのんぞう》』に男子誕生の願掛けをし、南渓和尚の祈禱の後、直政が生まれたと言い伝えられています。直政誕生の翌年、直親は殺害されてしまうのですが、松岳院に身を寄せていた直政の母は境内に子育て地蔵を祀り、息子が無事に成長することを祈り続けていたそうです。

これらの史実や逸話が示すように、南渓和尚のときより井伊家と龍潭寺の関わりは大変深く、強いものになっているのです」

井伊家にゆかりのある龍潭寺の武藤全裕師によって、龍潭寺と井伊家の深いつながりの概要を知ることができた。井伊谷城を本拠地として、この地方の国人領主として栄えた井伊家。その井伊家も戦国時代に入ると艱難が次々と押し寄せる中、お家存続の灯を守り抜いた、その勇気と知恵に頭が下がる想いがした。


以上が、鮫島氏の取材文である。

鎌倉御家人として栄えた井伊家

鮫島氏に井伊谷へ日帰り取材をお願いした数日後、私はプレジデント社書籍編集部・渡邉崇氏の取材に応じた。話題は、ヨーロッパ各地で頻発するＩＳによるテロの問題、また中国の横暴とも言える南シナ海、東シナ海における海洋進出の問題（二〇一六年七月にオランダ・ハーグの常設仲裁裁判所で、南シナ海を巡る中国の主張と活動を全面的に否定する判断を示したが、中国はその判断を全面否定した。さらに八月に入り、日本の領土である尖閣諸島沖に、多数の中国漁船と中国海警局の公船が侵入した）、またアメリカ合衆国大統領予備選挙で、共和党候補になったドナルド・トランプ氏の過激な発言などから、もしトランプ氏がアメリカ合衆国大統領になった場合、二〇一七年以降の世界秩序はどう変わるのかについて、質問を受けた。

私は、現在の世界情勢が戦国時代にいかに似ているか、という話をした。誰と組むかが大きな問題になっている点が、非常に似ていると感じていたからだ。

戦国時代は、他の戦国大名とどう付き合うかによって、自国が繁栄するか、衰退するかが決まる厳しい時代だった。それほどの乱世を戦国大名が生き抜くためには、誰と手を組み、誰と戦うか、時代の先を見る力が試されていたと言ってもいいだろう。

同盟関係で見るならば、有名なところでは織田信長と徳川家康の同盟関係が挙げられる。一五六〇年（永禄三年）五月、桶狭間の戦い以降、徳川家康は海道一の弓取りと言われた今川義元の死後、今川家から独立し、織田信長と同盟関係を結ぶ。その同盟関係は、一五八二年（天正一〇年）六月二日の本能寺の変で信長が横死するまで二〇年以上も続いた。この同盟によって、家康は東海道にその領地を増やし、信長は「天下布武」のもと、西に拡大し、京都を手中に収め、天下統一まであと一歩のところまで近づいた。

また、時代は前後するが、一五五四年（天文二三年）の甲相駿三国同盟もまた戦国時代を生き抜くための智恵だった。甲斐の武田家（武田信玄）と相模の北条家（北条氏康）と駿河の今川家（今川義元）の三国が、それぞれ縁戚関係を結ぶことで絆を深め、同盟を結んだ。

この三国同盟によって、武田信玄は上杉謙信と戦いながらも確実に信濃を領地としていき、北条氏康は上杉謙信と戦いながら関東での領地を増やしていった。そして、今川義元は信長が尾張の地盤を固められず、一族との争いに明け暮れる間隙をぬい、尾張を自国領にしようとの意欲を示した。

現在の世界情勢もまた、自国だけで守れる国は世界に三国しかない。アメリカ、中国、ロシアだけである。日本も、ドイツも、フランスも、イギリスも、自国を自分だけでは守れない。どの国と組むか、その選択が求められているのである。

この問題意識は、井伊家千年の歴史を振り返る際にも有効だと思っている。井伊家千年の歴史は、誕生から井伊直政が徳川家康の家臣になるまでの六〇〇年の歴史と、直政が徳川家の譜代筆頭になって以降の四〇〇年の歴史の二つに分かれる。

そして、六〇〇年の歴史を時代区分するならば、大きく四つに分かれるだろう。六〇〇年の歴史の概要に触れる前に結論的な言い方をするならば、井伊家にとっての躓きは、南北朝時代の去就にあった。その去就による今川家との因縁によって、応仁の乱以降に存亡の危機を迎えたのである。

しかし、徳川家康との結びつきが、井伊家に大いなる転換をもたらし、その危機を脱し得たばかりではなく、発展と拡大の機会も得ることになった。

それでは、私の考える四つの時代区分を見ていこう。

【1】遠江・国人領主としての胎動の時代

〈一〇一〇年（寛弘七年）～一三三三年（元弘三年）〉

井伊家が誕生した平安中期から、鎌倉幕府の時代を経て、「建武の新政」を迎えた時期までである。

【2】遠江・有力国人領主としての活躍の時代

〈一三三八年（暦応元年）～一五一七年（永正一四年）〉

南北朝時代から応仁の乱を経て、今川氏親が遠江を平定するまでである。南北朝時代に、後醍醐天皇の皇子・宗良親王を井伊家の城である三岳城に迎えて、南朝方の武将として活躍する。また、この時代だが、今川家の遠江侵攻に対して、遠江の守護大名・斯《し》波義達《ばよしたつ》を助けて、今川氏親に抵抗する。

【3】今川家旗本時代の果てない艱難の時代

〈一五一八年（永正一五年）～一五七五年（天正三年）〉

今川義元に臣従し、今川の旗本になる。そして、桶狭間の戦い後は今川氏真に仕える。この間、井伊家は存亡の危機に直面し、おんな城主・井伊直虎が活躍することとなる。

【4】徳川家康の譜代筆頭へ驀進の時代

〈一五七五年（天正三年）～一六〇二年（慶長七年）〉

井伊直政が徳川家康の小姓として仕え始めた時期から関ヶ原の戦いで、東軍の家康に勝利をもたらし、戦後、佐和山藩（一八万石。後に、彦根藩となり、三五万石を有する）主になった。

以上の時期区分が順当ではないかと思う。この四つの区分に従って、井伊家六〇〇年の歴史を紐解いていきたい。

まずは、**【1】遠江・国人領主としての胎動の時代**〈一〇一〇年（寛弘七年）～一三三三年（元弘三年）〉を概観する。井伊家の誕生についてはすでに触れているので、それ以降の話をしていきたい。

平安時代も一二世紀に入ると、摂関政治の時代から院政政治の時代へと、権力の主体が変容していった。白河天皇は上皇になり、白河院政を開くが、その白河院政に近づいたのが、先ほど触れた平貞盛の系譜にあたる伊勢平氏だった。平忠盛、その子・清盛の時代になると、伊勢平氏の軍事力と経済力は侮りがたいものになっていた。

この伊勢平氏の隆盛に、危機感を募らせて眺めていたのが、清和源氏の棟梁である源義朝だった。後に鎌倉幕府を開く、源頼朝の父であるが、源義家以降の清和源氏は摂関家である藤原氏の隆盛のもとで力を蓄えてきたのである。

保元の乱（一一五六年・保元元年）では、源義朝は平清盛と歩をともにし、後白河天皇の側についた。義朝に従う兵として、「遠江国には、横地、勝間、井八郎」の名が見える（『保元物語』）。源義朝につきながら、井伊氏は井伊谷を中心に勢力を伸ばしてきたのである。

その義朝も、平治の乱（一一五九年・平治元年）では、平清盛と戦うことになり、敗れて、清和源氏の本流は都から消えることになる。

鎌倉幕府が編纂した幕府の正史とも言える『吾妻鏡《あずまかがみ》』には、井伊氏の記述が見える。一一九一年（建久二年）、「井伊直綱」という名である。この人物が井伊氏の一族と考えられる。堀池八郎・岸本十郎といった武士たちの名の中に、井伊直綱の名前があった。比叡山延暦寺の使いの者とトラブルになり、山法師の強訴を引き起こしたということだった。

次に見えるのは、一一九五年（建久六年）に書かれていた「伊井介」の名だ。この日、源頼朝は奈良東大寺供養のため東南院に入った。その供奉人二七〇余騎の中に、「伊井介」の名があったのだ。

さらに時代は下って、一二四五年（寛元三年）一月の鎌倉幕府御弓始めの儀式にも、三番に「井伊介」の名がある。

井伊氏が「井伊介」と呼ばれていたのは、律令制の取り決めとして、国司を四つの等級に分けていて、〈守《かみ》⇩介《すけ》⇩掾《じょう》⇩目《さかん》〉と呼ばれていたことに由来する。〈守〉は中央の貴族が任命され、〈介〉以下は国衙の地元有力者が任命されて世襲になる場合が多いとのことである。そこで、鎌倉幕府の時代になっても、まわりからは、「井伊介」と呼ばれていたのではないかと思われる。

この頃、「井伊介」は、日本を代表する武家八介の一人に数えられ、遠江の国人領主、鎌倉御家人として大いに栄えようとしていた。

親王をいただき南朝方武士として戦った代償は

ここでは、先ほどの時期区分でいうところの**【2】遠江・有力国人領主としての活躍の時代**〈一三三八年（暦応元年）～一五一七年（永正一四年）〉を中心に井伊氏の歴史上の動きを見ていく。南北朝の争乱時代から応仁の乱を経て、今川氏親が遠江平定までの時代の、ほぼ二〇〇年近い歴史である。

鎌倉幕府が滅亡し、一三三三年（元弘三年）六月、後醍醐天皇は「建武の新政」という天皇自らが政治を行う「天皇親政」を始めた。しかしほどなくして、後醍醐天皇と武士の棟梁である足利尊氏は激しくぶつかり、ついには六〇年あまりにわたる南北朝の争乱時代を迎えることとなる。多くの武士たちが己の信ずるところに従い、激しく動き、せめぎ合い、めまぐるしく変動した時代だ。

井伊谷の井伊家は「建武の新政」を支持し、南北朝時代に入ると、後醍醐天皇の皇子・宗良親王を井伊家の居城・三岳城に迎え、南朝方の武将として活躍する。

ここで素朴な疑問を一つ。武家としてかなり早くに誕生した井伊家だが、なぜ新しい幕府を開いた足利尊氏に臣従せず、後醍醐天皇を支持する立場になったのだろうか。もし、初めから足利尊氏に従っていたならば、その後の井伊家の歴史は相当違ったものになったと言える。

井伊家が後醍醐天皇の南朝方になったのは、地理的なことが関係していた。鎌倉幕府の時代、伊豆国と駿河国、後に遠江国は北条得宗《とくそう》家が長らく守護を務めていた。遠江国の隣の三河国は足利氏が代々守護を務め、足利氏にとって本拠地のような国だった。

　得宗家が守護となった遠江国だが、井伊谷井伊家の勢力範囲の周辺を見ると、南朝大覚寺統の荘園や神社の施設である御厨《みくり》が集中していた。「建武の新政」によって、北条得宗家は滅亡し、井伊家が感じた解放感は相当なものだったと思われる。後醍醐天皇はこうした土地柄に注目し、わが皇子である宗良親王を派遣することで南朝の拠点にしようと考えたのである。

「建武の新政」から南北朝争乱の時代へと、歴史はなぜ流れたのかについて簡単に触れる。

「建武の新政」を始めて二年後の一三三五年（建武二年）七月、最後の北条得宗だった高時《たかとき》の遺児・時行《ときゆき》が信濃で挙兵した。その勢いは日増しに大きくなり、足利尊氏の弟・直義が守っていた鎌倉が落とされてしまった。

　京都にいた尊氏は後醍醐天皇に対して、「征夷大将軍」に任命するよう要請したが、後醍醐天皇は尊氏を将軍にすることは幕府を開くことにつながると考え、将軍に任命しなかった。後醍醐天皇による天皇親政は急速に人心を失っていく中で、尊氏は「征夷大将軍」を得ぬまま、北条時行追討に向かったのだ。
反乱は尊氏によってほどなく鎮圧されたが、尊氏はそのまま鎌倉に留まった。足利家による武家政権の樹立を考えていたからだ。その尊氏の行動を、後醍醐天皇は「新政府への反乱」と見て、新田義貞に尊氏討伐を命じた。しかし新田軍は敗れ、尊氏は新田軍を追ってそのまま京都に登った。

ところが、京都に登った尊氏軍は天皇側の反攻に敗れ、九州まで落ち延びることとなる。一度敗れはしたが再起をはかった尊氏は、翌一三三六年五月の湊川の戦いで楠木正成を破り、光厳《こうげん》上皇を奉じて入京に成功した。これにより、後醍醐天皇は比叡山へ逃亡する。それから尊氏は光明天皇を擁立、尊氏自身は征夷大将軍に補任されたことによって室町幕府を開いた。

ここに、京都の光明天皇の北朝と、ひそかに行幸した吉野で自ら主宰する朝廷を開いた後醍醐天皇の南朝という、南北両朝が対立し、日本各地で争乱が続く南北朝時代に突入したのである。

遠江においては、一三三七年（延元二年／建武四年）七月に三方ヶ原にて、北朝側で足利一族の今川範国《のりくに》軍と井伊軍との間で戦いが繰り広げられた。今川家と井伊家の最初の戦いである。この後、南北朝の時代を通じ、また一六世紀前半に、井伊家は今川家と幾度となく戦うことになる。

一三三七年のこの戦いの後、翌年の三八年（延元三年／暦応元年）に、宗良親王が井伊家の居城である三岳城に迎えられた。『太平記』に「遠江には井介」と出てくる。「井介」とは、井伊氏のことであり、この時期の当主は井伊道政だった。

宗良親王を迎えた井伊家では、北朝方の今川範国らの攻撃から身を守るため、本城である三岳城の防備強化と、東西南北にそれぞれ支城を置き、南朝方の衰退を食い止めようとした。三岳城をはじめとするこれら支城には、尊氏軍の中核である北朝方の高《こう》氏（足利家本家の執事）、仁木氏らも攻め立てた。一三三九年（延元四年／暦応二年）から翌四〇年（延元五年／暦応三年）にかけてのことだ。

次第に四つの支城は陥落し、最終的には三岳城も落ちている。宗良親王が三岳城に籠城していた一三三九年八月に後醍醐天皇は崩御し、ほどなく宗良親王は遠江から信濃へ敗走した。

その後、遠江国は足利一族の今川範国の子・範氏《のりうじ》が、一三五二年（正平七年／文和元年）に遠江国の守護になり、井伊家は逼塞することとなる。

一三九二年（元中九年／明徳三年）一〇月、ついに南北朝合一のときを迎えると、南朝方の後亀山天皇は、南朝方の廷臣や武士に守られて吉野から京都の大覚寺に入った。そのときの記録を書き残した文書には、その廷臣、武士の名が記されている。見ると、「楠木党七人・和田一人・秋山宇陀郡住人・井谷住人」とある。この「井谷住人」とは「井伊谷住人」のことではないかと思われ、井伊家の一族の中には、最後まで南朝方だった武士がいたことが推察される。

時代の趨勢は、明らかに天皇親政ではなく、新たなる武家政治に向かっていった。井伊家は誰と組むかの判断を大きく誤ってしまったが、しかしその判断はそれほど単純な話でもなかった。南北朝の争乱は井伊家一族に大きな打撃を与え、これからつらく苦しい時代を生き抜くことになっていくのである。

応仁の乱以降、今川氏との相克の果てに

北朝・今川軍による、南朝の最後の拠点だった徳山城攻めが一三五三年（正平八年／

文和元年）にあり、遠江における南朝はほぼ征圧された。これにより、井伊家はますます追い詰められてしまった。

こうしたなかで注目されるのは、井伊家の中から、今川範氏の弟で九州探題になった今川貞世《さだよ》（法名から今川了俊《りょうしゅん》と呼ばれることも）に従軍した一族がいたことである（一三七一年・建徳二年／応安四年）。室町幕府の執事だった細川頼之の推薦で、一三七〇年（建徳元年／応安三年）に九州探題に任命された了俊だが、自ら特定の軍事力を持っていたわけではないので、遠江、駿河の武士を募って九州へ赴いたのである。

鎌倉から室町時代の頃は、井伊家は遠江において数系統の井伊一族が分立していたと言われる。その分立も、時代の変遷とともに興亡を繰り返し、戦国時代に入ると、井伊谷地域を領していた井伊家が井伊一族の嫡流になったと言われている。

さて、時代は南北朝時代から一気に応仁の乱以降に飛ぶ。

都での応仁の乱が終わると、戦乱の火の粉が全国各地に飛び火するように広がっていった。応仁の乱後、遠江では、駿河の守護大名・今川氏と尾張の守護大名・斯波氏の争いが始まった。遠江の守護大名は室町後期に入ると、今川氏から斯波氏に変わっていた。

尾張の守護大名・斯波義達が遠江の守護大名も兼ねていたのである。

一四七四年（文明六年）に今川義忠が遠江に侵攻を始める。一五〇一年（文亀元年）には、義忠の子である今川氏親もまた遠江を今川家の領土にしようと、遠江守護大名の斯波義寛と戦う。この戦いはこれより十余年続く。氏親は叔父・伊勢新九郎盛時《いせしんくろうもりとき》、後の北条早雲《そううん》の援助を受けながら遠江に果敢に攻め込んで来たのである。

一五〇八年（永正五年）に、氏親は遠江守護に就任した。今川家の遠江守護は、一五六七年（永禄一〇年）まで続く。

尾張守護の斯波義達は、今川氏の侵攻に対してあくまで徹底抗戦の構えだ。資料によると、遠江で義達を支える家臣の名に、国人領主の「井伊」の名も見える。義達は、一五一〇年（永正七年）、今川氏の勢力を遠江から追い払うべく、月光山宝光庵に斯波軍の本陣を置いたが、今川軍からの焼き討ちを受け退いている。

翌一五一一年（永正八年）二月には、今川は間者を使い、三岳城の井伊次良の陣所を焼いている。斯波軍も一五一二年（永正九年）四月に、井伊と大河内連合軍が今川方の村瀬新津城に攻撃をしかけている。

こうした興亡の末、次第に今川方が優勢となり、一五一三年（永正一〇年）三月についに今川軍の朝比奈泰以《あさひなやすもち》による三岳城総攻撃が始まった。この戦いで、三岳城は落ち、今川氏親による遠江平定がほぼ成ったのである。

今川氏親は、三河の奥平貞昌に三岳城の城番を二〇年間にわたり勤めさせた。井伊谷の井伊家当主である井伊直平は三岳城を出て、井伊領の北部に移り住むこととなった。南北朝時代以来の没落の憂き目にまたもや遭ったのだ。氏親の時代を通じ、井伊家は鳴りを静めて、ひっそりと暮らしていた。

当時、井伊家には今川氏の家臣としての徴証がない。一五二六年（大永六年）六月に氏親が没し、その後を子の氏輝が継いでからも同様だった。状況が変わったのは一五三六年（天文五年）三月、氏輝の死をきっかけに今川氏内部の家督争い、花蔵《はなぐら》の乱が起きてからである。

今川氏輝には子がなかったので、弟たちの中から家督継承者が選ばれることになった。氏親の三男の玄広恵探《げんこうえたん》は年齢が上だが、氏親の側室・福島正成の娘から生まれた子で、五男の梅岳承芳《せんがくしょうほう》は年齢が下だったが、氏親の正室・寿桂尼《じゅけいに》から生まれた子だったため、それぞれに対立し、争うこととなる。

結局、勝者となった梅岳承芳は名を改め、今川義元とした。この争いの際に、駿河・

遠江の国人領主たちに対して、両派から多数派工作がなされたと考えられ、井伊谷の当主・井伊直平は義元に加担していた。義元の父・氏親の時代には攻められ、没落を余儀なくされた井伊家だが、現状打破のために義元に出仕することになったのだ。

井伊直平は義元に臣従するに際し、自身の娘を人質としてではなく、側室として差し出した。義元の正室は、武田信虎の娘、つまり信玄の姉だった。義元はその後、家臣の関口親永《せきぐちちかなが》に、「養妹」という形で直平の娘を嫁がせた。この関口親永と直平の娘の間に生まれたのが、のちに徳川家康の正室となる築山御前《つきやまごぜん》である。

このように、井伊家は遠江の国人領主から戦国大名・今川義元の家臣になることで激動の時代を生き抜こうと考えた。しかし、その判断がさらなる困難を呼び起こすことになる。

なお、井伊家誕生から六〇〇年を四つに分けた時期区分のうち、【3】と【4】については第3章にて詳しく触れることにしたい。

column

「国人領主」って、どんな領主？

〈井伊氏は国人領主〉という表現が、第2章で頻繁に出てきた。「国人領主」とは、どんな領主なのだろうか。

鎌倉時代、幕府権力が強力だった頃は資料に登場しないが、その権力が綻び始めた頃、支配層に反抗する「悪党」という名でしばしば登場した。盛んに活躍し出すのは南北朝時代から戦国時代である。

国人領主とは、農民を直接支配した在地領主のこと。鎌倉時代、地頭・荘官などの階層から国人領主として成長。国人領主のことを国衆とも呼ぶ。室町時代になると、守護大名の被官になり、軍事力を支えた。さらに、農民への直接支配を強化するため、室町幕府、守護大名の政治干渉を嫌い、反抗することもたびたびだった。室町幕府の政治が不安定だったのは、国人領主の影響力が次第に増して、自らの要求を守護大名に突き上げたためである。争いが絶えなかったのである。

戦国時代、守護大名の支配が衰えた地域では、国人は城持ちの独立領主となった。戦国大名の家臣のほとんどは国人である。中には、毛利氏、長宗我部氏のように戦国大名になった国人領主もあった。

天下人の信長・秀吉・家康はいずれも国人領主を嫌った。彼らは国人領主を土地から切り離し、大名による農民の直接支配を強化した。土地から切り離された国人は大名の家臣になった。

豊臣時代、徳川幕府時代には、国人領主という言葉は死語になった。二〇一六年大河ドラマ「真田丸」の真田氏も国人である。

第3章
直虎と直政のきずな

——生き抜く勇気・活かす勇気

直虎と虎松の縁《えにし》

第3章の主役は、井伊直虎と井伊虎松になる。

虎松とは、後の井伊直政で、「井伊の赤備え」を駆使し、勇猛果敢に戦場を駆けめぐった猛将である。

直政はただし、戦うばかりの武将ではなかった。関ヶ原の戦い前夜の直政の動きに示されるように、黒田長政、福島正則などの豊臣恩顧の有力武将たちを家康の東軍に味方させる政治的な手腕を持つ武将でもあった。関ヶ原の戦い後、後に彦根藩になる佐和山藩の当主を家康から任され、井伊家を再興させた武将だった。

もう一人の主役・井伊直虎は、これまであまり知られることのなかった人物である。「直虎」と名乗ったが、桶狭間の戦いで命を落とした直盛の娘である。後に触れるが、井伊家断絶の危機に、おんな城主・直虎が歴史の舞台に登場するが、この直虎こそ後の世に「徳川四天王」と呼ばれた直政が世に出る基をつくったのである。

第3章は直虎と虎松を中心に語りながら、第2章の終わりで触れた〈井伊家六〇〇年

の歴史区分〉のうち、

【3】今川家旗本時代の果てない艱難の時代

〈一五一八年（永正一五年）～一五七五年（天正三年）〉

今川義元に臣従し（一五三九年・天文八年）、今川の旗本になる。そして、桶狭間の戦い（一五六〇年・永禄三年）後は今川氏真に仕える。この間、井伊家は存亡の危機に直面し、おんな城主・井伊直虎が活躍することとなる。

【4】徳川家康の譜代筆頭へ驀進の時代

〈一五七五年（天正三年）～一六〇二年（慶長七年）〉

井伊直政が徳川家康の小姓として仕え始めた時期から関ヶ原の戦いで、東軍の家康に勝利をもたらし、戦後、佐和山藩（一八万石。後に、彦根藩となり、三五万石を有する）主になった。

について触れることにする。まずは【3】の桶狭間の戦い前後の井伊家の過酷な歩みを、直虎の歩みを中心に触れながら振り返っていきたい。

直虎が誕生したのは、一五三六年（天文五年）ではないかと言われている。その三年後に、直虎にとって曽祖父にあたる井伊直平は今川義元に臣従を誓った。父は井伊家当主・直盛であり、母は新野左馬助親矩の妹だった。

この新野左馬助親矩は遠州城東郡新野郷の地頭で、今川氏の一族だった。井伊家の目付役家老として井伊谷に居住し、今川家との間をとりまとめ井伊家を支えた。詳しくは後に触れたい。

直虎の誕生後の井伊家は、今川家に臣従を誓ったことで、繰り返し不幸が続くことになる。一五四二年（天文一一年）に、直平の嫡男直宗、直虎にとっては祖父にあたるが、義元の命で田原城攻めに出陣し、討死した。

続いて、一五四四年（天文一三年）には、直平の子の直満・直義が、家老・小野道高の讒言《ざんげん》によって、今川義元に駿河で殺害された。

小野家は天文年間のはじめ、一五三九年（天文八年）に、井伊直平が今川義元に臣従を誓い、臣下に下った際に、今川家から目付家老として遣わされた。井伊谷に移り住んだ小野道高だが、小野家にとっての親方はあくまで今川義元だった。この小野家が、井

直虎をめぐる井伊家系図

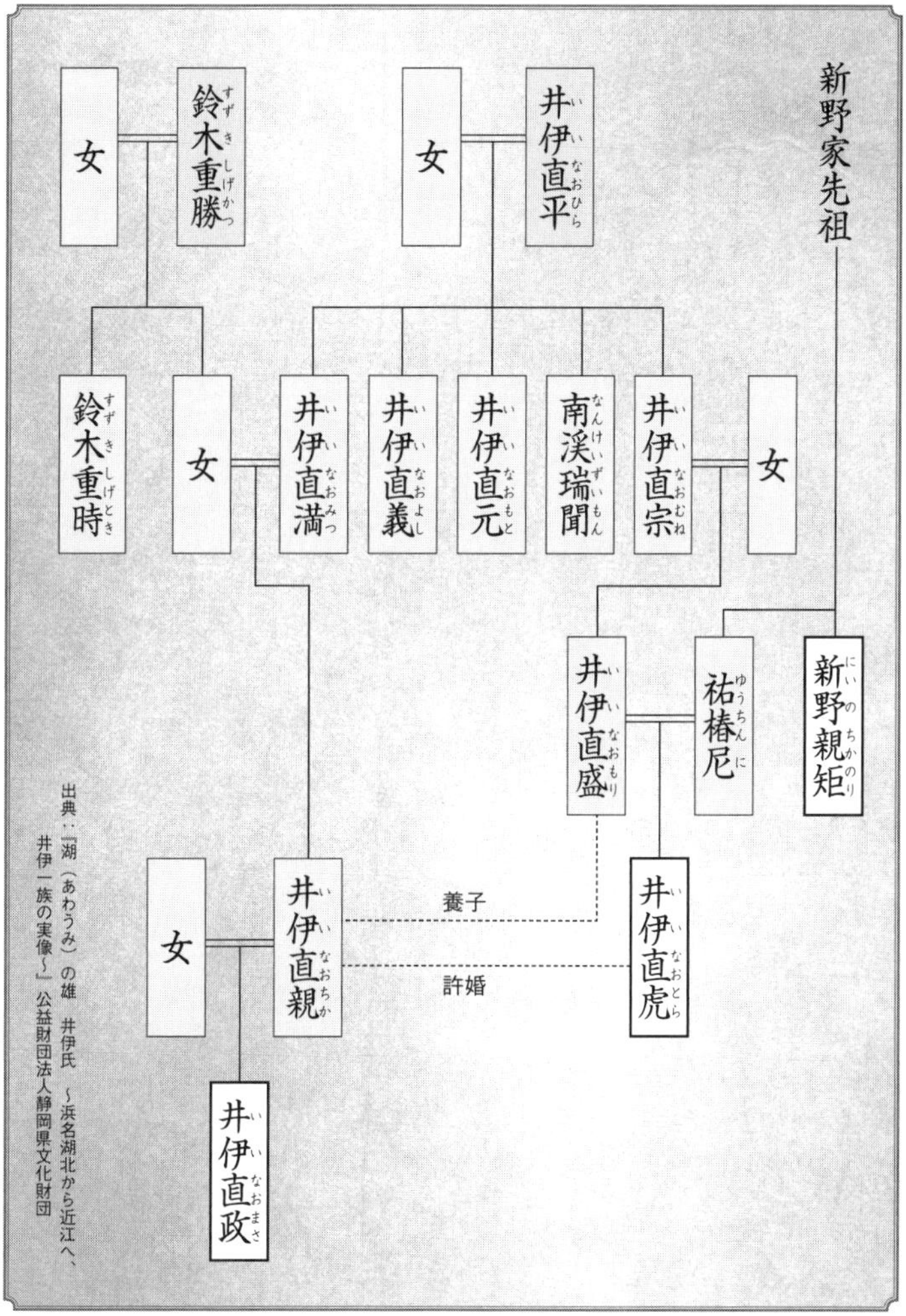

出典：『湖（あわうみ）の雄　井伊氏　～浜名湖北から近江へ、井伊一族の実像～』公益財団法人静岡県文化財団

伊家を散々に痛めつけることになる。

この讒言は、直盛の後継者として直満の息子・亀之丞《かめのじょう》（後の直親）を婿養子に迎える方針だったが、小野道高はその方針を嫌い、直満・直義と対立していたことに端を発する。直盛には嫡男がなく、従弟の亀之丞を一人娘・直虎の許婚として、井伊家の跡継ぎにしようと考えていたのだ。これを阻止したかった道高は、義元に、「直満と直義に謀反の動きあり」と報告し、その結果、二人は殺害されてしまったのだ。

謀反人・直満の子である亀之丞（当時九歳）も命を狙われて、信州市田に亡命せざるを得なかった。このときから、小野道高の死により一五五五年（弘治元年）に井伊谷に戻るまでの一一年間、亀之丞は身を隠したのである。

許婚が身を隠したことで、直虎は井伊家の菩提寺である龍潭寺にて出家を決意した。龍潭寺住職・南渓和尚によって、井伊家跡継ぎの証である「次郎」を冠した「次郎法師」の名が与えられ、僧となったのだ。

同年、井伊谷に無事に戻った亀之丞は、すでに二〇歳になっていた。戦国の時代の世では堂々たる青年男子で、結婚していてもおかしくない年齢であった。直盛は亀之丞が井伊谷に戻ってきたときに、直虎が還俗して手元に帰ってくることを期待したが、次郎法師として出家した直虎は還俗を望まず、亀之丞と直虎が結ばれることはなかった。

その後、亀之丞は直盛の養子となり、「直親」と名を改める。直盛は、直親を一族の奥山因幡守朝利《いんばのかみともとし》の娘と祝言を挙げさせ、井伊宗家の人間とした。そして後に生まれる直親の息子こそが、虎松だったのである。

永禄三年の絶望と永禄四年の希望

直親が井伊谷に戻ってきた当時、井伊家は今川家に仕えていた。

この今川家は足利将軍家の一族だったことから、当主・今川義元は上洛を目指し、着々とその準備を重ねていた。衰退をたどるより他に道がなかった将軍家に替わり、義元は同じ足利一族として天下に号令をかけようとの野望を抱いていたのである。

一五六〇年（永禄三年）五月一二日に、義元は二万五千とも言われる大軍を率いて駿府を出立し、京を目指した。

直盛はその前日、井伊家の軍団を率いて井伊谷をあとにした。義元本隊に加わるため、駿府に向かったのである。まず義元は、織田信長の領国である尾張へ侵攻した。その七日後の五月一九日に、桶狭間の戦いが起こった。

信長の手勢二〇〇〇の兵は二手に分かれて、今川軍を襲う。一手は直盛らがいる先手《さきて》衆《しゅう》に攻めかかり、もう一手は完全に油断していた義元を直撃した。信長軍は鉄砲を撃ち、今川勢に奇襲をかけた。この奇襲によって、義元は呆気なく討たれ、井伊直盛もまたその戦いで戦死した。今川家にとっては、まさかの大敗北だった。

駿府出立前の今川家は時代の覇者になろうとしていた。しかし、桶狭間の戦いによる義元の戦死によって、今川家は衰亡に向かって歩み出したのだ。

今川家に臣従していた松平元康（後の、徳川家康）は敗走中に岡崎城に入り、今川家から自立。その翌年の一五六一年（永禄四年）には織田信長と同盟を結び、今川家との断交を決した。こうした変化は、今川家の家臣の間に動揺を生み、新しい当主・今川氏真との間にすき間風を生んでいった。

井伊家もまた、当主・直盛の死によって大混乱の様相を呈した。直盛の死は、井伊家を絶望の淵に陥らせるきっかけとなってしまう。

直盛は五四歳になっていたが、直親はまだ二五歳という若さだった。さらに、小野道高の息子である小野道好もまた井伊家の家老だったが、二心あって主従関係が心許ないと感じていた直盛は、「井伊一族である中野直由《なかのなおよし》に井伊谷を預け、時節を見て引馬城《ひくまじょう》（後の浜松城）へ直親を移したいので、このことを祖父・直平に伝えてほしい」という遺言を残して亡くなったという。

次期当主となる井伊直親が、奥山朝利の娘を妻に迎えて五年が過ぎようとしていたこの年の五月、念願だった妻の懐妊がわかった。夫婦は無上の喜びに沸き立ち、その翌年一五六一年（永禄四年）二月、井伊家待望の男子・虎松が誕生した。

先述しているとおり、虎松は後に徳川四天王と呼ばれ、彦根藩の始祖になる井伊直政だ。直政の誕生は井伊家にとっての大いなる希望になったのだ。

実はこの一五六〇年から翌年六一年にかけて、四〇年後のことになるが、関ヶ原の戦いで主役、あるいは重要な脇役になる武将たちが相次いで生まれている。石田三成、直江兼続、そして井伊直政である。

この三人に共通するのは、英雄的な武将に育てられたことだ。三成は豊臣秀吉に、兼続は上杉謙信に、そして直政は徳川家康によって武将として育てられた。

その英雄たちの気質の違いが、三成、兼続、直政のその後の生き方を違えることになったと、私は感じている。

今川氏真、直親を誅する

桶狭間の戦いで義元が没すると、今川家の支配力は急速に衰えていった。義元の息子である氏真は衆望なく、一日中、蹴鞠に興じていた。領主としての力量に乏しい氏真も、蹴鞠については当代一の神業を持つにいたったとされている。

その氏真の姿を遠巻きに見ていた今川家の家臣たちの中には、甲斐・信濃の武田信玄と誼《よしみ》を結ぶものが現われ、三河で独立した松平元康の名を改めた徳川家康につくのか、あるいは今川家との縁が深い北条氏政につくのかと、大混乱に陥っていく。遠江の国人領主たちも、このまま氏真に従っていてよいものか、悩み始めていた。

こうして今川家は、家臣との結束が徐々に弱まり、内部から崩れ落ちるように家勢を失っていった。

この時期、井伊家の目付家老である小野道好は、父の道高が直満・直義兄弟を讒言によって殺害したように、直満の子で、現在は井伊家当主になっている直親を「謀反の疑いあり」と訴えた。一五六二年（永禄五年）一二月のことである。

「直親は家康と手を結び、今川に反旗を翻そうとしている」と、道好は氏真に讒言、氏真は驚き、「今川から離反するものは厳しく罰せよ」という姿勢で臨んだため、ただちに井伊谷に軍勢を出そうとした。それを必死にとどめたのが、新野左馬助親矩だった。

今川によって目付家老として井伊家に遣わされ、井伊谷に移り住んだ親矩だったが、小野氏が井伊家を散々に痛めつけたのとは反対に、新野氏は井伊家と和合し、婚姻関係を結んでいた。親矩の妹は直盛と結婚し、直虎を出産していた。自らは井伊家一族の奥山朝利の妹を妻としていたため、新野氏と井伊家はまさに強い絆で結ばれていたのだ。

親矩は、「小野道好の申すこと信用できず。直接、直親を呼んで真偽のほどを正すべき」と氏真を説得した。出撃は中止となったが、井伊家寄りである親矩を本心では信用していなかった氏真は、「疑わしきは罰することが最善」と思っていた。

氏真のそんな邪悪な心を知らず、直親は申し開きをするために、駿府に出向くことに決めた。止める家臣も多かったが、直親は、「家康と誼は通じて親しい間柄になってはいたものの、家康もまたかつて今川家臣であり、自分とは縁戚の築山殿は今川氏の人間でもある。自分には今川氏への逆心の気持ちはないことを訴えれば、氏真はわかってくれる」と信じていたのだ。

一八年前の直満・直義兄弟の惨劇にあまりに酷似していた。直親が少年・亀之丞としてなめた辛酸と同じことがそのまま、生まれたばかりの虎松に降りかかるのではないかと直感していた直虎は、いたたまれぬ気持ちで過ごしたに違いない。

一五六二年（永禄五年）一二月の寒い朝、直親と家臣一八人は馬に鞭を当てて井伊谷を発ち、駿府城下に向かった。駿府に向かう掛川城下で、氏真の命令をうけた朝比奈泰《やす》朝《とも》は直親主従を待ち伏せ、問答無用に謀殺した。井伊一族の誰もが恐れていた事態が、現実になってしまったのだ。

直親を誅した氏真から、「息子・虎松も殺せ」との命も出されたが、駿府にあった新野親矩が身命を賭して虎松の助命を嘆願し、何とか許されることとなった。氏真の祖母・寿桂尼に助命を嘆願したのである。

だが、いつまた「殺せ」との命令が氏真から出るかわからないため、親矩は母親から虎松を預かり、まず井伊谷城の居館三の丸の南に隣接する新野屋敷に保護した。しばらくして、小野道好にわからぬように、虎松を母親とともに安全な場所に匿った。井伊家存続のためにも、虎松だけは何としても殺されるわけにはいかなかったのだ。

非常時の城主・直虎の登場

直親の死後、井伊家にはさらなる不幸が襲いかかる。直虎の曽祖父・直平は、一五六三年（永禄六年）九月一八日に、「氏真に背いた社山《やしろやま》城主（静岡県磐田市）・天野景泰を攻めよ」との命を受ける。ところが、出陣途中の有玉旗屋《ありたまはたや》で急死してしまうのだ。出陣準備を調えた直平は、引馬城主の飯尾豊前守連龍の妻・お田鶴《たづ》の方の接待を受けた。接待を受けた場所は不明だが、彼女は毒を盛った茶を直平に勧め、直平はそれを何の不信も抱かずに飲み干してしまう。

その後、馬上の人となった直平だったが、しばらく進んで気分が悪くなったのか、有玉旗屋の宿を通過中に総身がすくみ落馬したという。実は飯尾豊前守は天野景泰の縁者で、何とか出撃を阻みたく毒殺したと言われている。享年七五歳だった。

国人・飯尾氏は後に今川氏に叛《そむ》くが、一五六三年時点では主従関係は継続しており、この毒殺は氏真の指図によるものだったと思われる。

さらに、一五六四年（永禄七年）に、先ほどの引馬城・飯尾豊前守連龍攻めで、井伊谷城代中野信濃守直由と家老・新野左馬助親矩が討ち死にすることとなる。

こうして、井伊谷の領地の石高は二万五千石ほどあったが、相次ぐ悲劇により、井伊家において地頭の任に当たれる者は、誰もいなくなってしまった。

地頭とは、年貢の徴収権、警察権、裁判権を持ち、領民を支配した在地領主のことで、戦国時代は戦国大名の被官になっていた。井伊家では井伊谷を支配する一方、今川氏の被官として軍役を担っていたのだ。

しかし、この所領を治め、今川家への軍役を果たす地頭職をどうすべきか。井伊家一族一門には、男たちが誰もいなくなった。頭を痛めたのは、井伊家の菩提寺・龍潭寺の第二代住持として重きをなした南渓和尚だった。

龍潭寺／井伊家歴代当主墓所

才知に富み、武勇にも優れていた南渓和尚だったが、直平の養子のため、井伊家を継ぐことはできなかった。井伊家一族の血が流れていなかったのだ。

そんな南渓和尚が、直盛の未亡人で直虎の母でもある祐椿尼《ゆうちんに》と相談し、断絶寸前になった井伊家を救うため、一五六五年（永禄八年）にすでに出家して「次郎法師」となっていた直虎を地頭にすることを決めた。

直親の遺児・虎松はまだ五歳と幼く、直虎は虎松の後見人として、虎松が成人するまで母代りとなり、虎松を育てながら領地を治めることになったのだ。

ただ、時は戦国の世、世間に地頭職に就く者が女とばれるのはまずい。そこで、「次郎法師」は還俗して「直虎」と男子名を名乗り、男として地頭職に就き、井伊谷の領主になった。ここに、非常時の女城主・直虎が誕生する。

直虎については関係する資料がとても少なく、「そう言われている」という推測が多い人物である。直虎がいつ生まれたのか、また幼い頃はどう呼ばれていたのか、「次郎法師」となる前の名前も不明である。通説では井伊谷城の麓にあった居館の本丸で誕生したと言われている。しかし、本当にそうなのか確かめようがなく、確定されている事実ではない。

誕生した年だが、先ほどは一五三六年（天文五年）としたが、こちらも類推である。そのもとになるのは、許嫁だった亀之丞の年齢を参考に、彼が死んだ年から逆算して、一五三六年頃としたのである。

直虎が出家したのは、一五四四年（天文一三年）の頃と言われている。許婚だった亀之丞の生死不明を嘆き、龍潭寺の南渓和尚の弟子となって出家した。亀之丞の菩提を弔うのが目的だったという。

当初、直虎の出家を両親である直盛夫婦は反対したようだ。しかし、直虎の出家の意思が強いとわかると、両親は「いつか還俗して戻ってきてほしい」と考え、「尼としての法号をつけないでほしい」と南渓和尚にお願いした。尼名をつけてしまうと、還俗できないからである。これに直虎は反発し、「ぜひ尼の名をつけてほしい」と懇願した。

井伊家の行く末を真剣に思う南渓和尚は、直虎に尼名ではなく、「次郎法師」という僧名を与えることにした。これは井伊家の総領は常に「備中次郎」を名乗って来たことに由来する。僧名を与えることで、直虎は尼僧ではなく僧侶となり、不測の事態に備えて直虎が還俗できる道を残しておいたのだ。

もちろん直虎は不満だったが、総領家の娘としてはやむを得ないと、仕方なく受け入れた。このときの南渓和尚の判断が結果的には功を奏し、後に井伊家存続の望みをつなぐことになったのである。

おんな城主の深謀遠慮

おんな城主になった直虎が領主として最初に行ったのは、井伊家の菩提寺・龍潭寺の保護だった。おんな城主になった一五六五年（永禄八年）に、次郎法師の署名で黒印《こくいん》を押された南渓和尚宛の「龍潭寺寄進状」が出されている。

この寄進状は今川氏真が徳政令を出すことを予想して、直虎が先手を打ったものだと考えられる。氏真との経済戦争に備えたこの行動からは、直虎の「何としても龍潭寺を守りたい」という深い想いがうかがえるだろう。


直虎が予想したとおり、一五六六年（永禄九年）に、氏真は井伊谷徳政令を発布した。借金帳消し令である徳政令だが、すぐに受け入れれば、井伊家の領地・井伊谷は大混乱に陥ってしまう。井伊家の存続が危うくなると察した直虎は徳政令を実施しなかった。直虎が握りつぶしたのである。

度重なる出陣や今川家からの圧政の被害を受け、一族の人的損傷に加えて、経済的にも大きな打撃を受けていた。そこで、井伊家は銭主《せんしゅ》と呼ばれる豪商から多額の借金をして、領主としての体面を保ってきた。徳政令の発布は、この銭主の持つ権利を放棄させることを意味し、最終的には井伊家が領主として立ち行かなくなることを意味していた。

二年間、直虎はのらりくらりと徳政令の布告を引き延ばしたが、何度も実施の督促があった。徳政令の発布を氏真にけし掛けたのは、井伊家の目付家老である小野道好だった。

道好は直虎が自分の意のままに動かぬ領主だったので、徳政令を実施させ、井伊家の乗っ取りをはかろうとしたのだ。小野道高と道好親子は直満・直義を殺害し、直親を葬りと、次から次へと新たな陰謀を企んで実行してきた。今度は徳政令の実施をきっかけに、一気に直虎を追いこんで失脚させ、井伊家を自分のものにしようとしたのである。

しかしながら、氏真が出した徳政令を直虎ははねつけ、徳政令によって痛手を被る銭主を救おうとした。これは商人はもちろん、直虎が寺も救おうとしたからである。当時の寺は農民などの必需品の購入、金貸しなどさまざまな経済活動を行っていた。こうした商人や寺の債権者に徳政令実施までの準備期間を与えて、経済的な損害をなるべく少なくしようとしたのだ。

しかし、一五六八年（永禄一一年）一一月に、直虎はついに徳政令を布告し、実施した。氏真は重臣・関口氏経《うじつね》を派遣し、引き延ばしていた徳政令の布告文書を関口と直虎の連名で出させた。直虎は今川家からの圧力に抗い切れなかったのである。

最終的に、直虎は負け、道好は勝った。この直虎の徳政令の布告は単なる負けではなく、領内の介入を阻んできた井伊家から、今川家がその統治権を奪うことも意味していた。氏真は地頭だった直虎を罷免し、井伊谷を今川氏の直轄領にして、代官に道好を任命した。道好はついに井伊谷をわがものにしたのだ。直虎は、城主の立場を失ってしまった。

直虎はこのとき、虎松が危ないと直感した。「道好は八歳になっていた虎松の命を必ずや奪い、井伊家本家の男を根絶やしにするはずである」と思ったのだ。

そこで、直虎はすぐに虎松を龍潭寺の松岳院《しょうがくいん》に、実母とともに逃がし、南渓和尚に協力を求めた。

南渓和尚もすぐに動き、虎松に僧衣を着せ、奥山六左衛門朝忠（虎松の母の実兄）を供につけて、奥三河の鳳来寺に逃がした。途中、虎松は山吉田（愛知県新城市）にある母方の曽祖父・鈴木重勝《しげかつ》（井伊谷三人衆・鈴木重時の父）の屋敷に投宿し、決意も新たに鳳来寺に向かい、命を守ったのである。

そして、直虎は、母の暮らす松岳院に身を寄せ、その後は戦況を見つめることに徹したのだった。

井伊谷の新たな統治者になった小野道好のその後に触れる。

道好は親子二代の念願だった井伊谷の主となった。しかし、主となった道好だが、わずか一カ月後に甲斐の武田信玄が今川家との同盟を破棄し、三河の徳川家康と協力して東西から今川領の駿河・遠江へ侵攻した。

家康は遠江へ侵攻するにあたり、今川家の武将で地元の情報に詳しい菅沼忠久、鈴木重時、近藤康用の三人、通称・井伊谷三人衆を味方につけた。彼らは井伊家に対する過酷な扱いを見て、今川家を見限ったのである。

井伊谷三人衆の案内によって、徳川軍は迅速に進軍していった。今川家臣は大いに動揺し、次々に徳川家に寝返った。道好は山中に身を隠していたが捕縛され、直親を陥れた罪で処罰された。井伊一族の仇敵は哀れな最期を迎えたのである。

井伊家復活の道を探して……

直虎が井伊谷城を出て一カ月後、一五六八年（永禄一一年）一二月、三河の徳川家康が遠江侵攻を開始し、今川領になった井伊谷城、引馬城、堀川城を立て続けに攻め落とした。その半年後の、一五六九年（永禄一二年）五月に、長年、井伊家を苦しめてきた今川家はついに滅亡したのだ。

こうして井伊谷の運命は、徳川対武田の勢力争いに委ねられた。家康は遠江の浜松城に居を構え、遠江攻略に並々ならぬ意欲を示した。その家康も、一五七二年（元亀三年）の三方ヶ原の戦いでは、武田信玄に大敗してしまう。

上洛を目指す信玄の軍勢二万五〇〇〇が甲斐、信濃を三方に分かれて西に進軍した。信長からの指示もあり、浜松城に籠城を決め込む家康だったが、その目の前を武田軍は粛々と進んでいく。浜松城を取り囲むこともせず、まるで家康を無視するかのごとく進軍する信玄。武田軍を浜松城からただ眺めていては、遠江の国人領主たちは家康を見限り、信玄にいっせいに寝返るだろうと見た家康は、籠城を捨てて武田軍を追った。

しかし、徳川軍は攻め込んできた武田軍に大敗し、井伊谷は大混乱に陥った。武田軍はその後、井伊谷を焼き払い、引き上げたのである。

信玄はやがて死去したが、すぐには武田家の勢力が弱まることはなかった。家康の遠江の領国化は次第に安定していったが、北遠《ほくえん》の天野氏攻めで敗れ、高天神城《たかてんじんじょう》を武田勝頼に取られるなど、武田と徳川の攻防は続いていた。

直虎たちは、井伊家復活の道を探っていた。思案の末、かつて虎松の父・直親が味方しようとしていた徳川家康に頼ることを決める。井伊家の行く末を、若き虎松と家康に託すことにしたのだ。

一五七四年（天正二年）、虎松の父・直親の十三回忌のため、鳳来寺に預けていた虎松が龍潭寺へ戻ってきた。このときに、直虎は虎松の母の再婚先である松下清景《きよかげ》のもとに虎松を養子に入れた。松下氏は徳川家臣である。その松下氏の力を借りることで、浜松城の家康に引き合わせようと考えたのだ。

清景の弟・常慶が家康のお気に入りだったこともある。実は、清景と虎松の母が再婚する前から、龍潭寺の南渓和尚と常慶は交流があった。南渓は常慶に頼んで、虎松が家康に対面できるよう工面したのである。

こうして一五七五年（天正三年）二月、家康がその年最初の鷹狩り「初鷹野」に出た際、虎松がさりげなく待ち受けるかたちで対面する段取りが決まったのだ。

一五歳になった虎松は清景に連れられて、道端で家康を待ち受けた。『徳川実紀《じっき》』には、

「風貌がどことなく上品で優れた面差しの少年をご覧になった」と書かれている。

さらに家康は、「井伊谷の城主で肥後守直親という今川の旗本だったが、氏真がよこしまな家来の讒言を信じたために直親は非命に斃れ、その子は三河をさすらい、松下源太郎という者の養子となっているという話をお聞きになると、直接お呼びになり手厚く保護された」そうだ。

家康は、虎松が直親の子と知り、仕官を許し、「井伊万千代《まんちよ》」と改名させて三百石を与え、小姓に取り立てた。小姓とは、武家で主人の身の回りの世話をする少年のことであり、小姓に任命されるのは名誉なことであった。

こうして虎松は井伊家の名を取り戻し、井伊家復活の第一歩を踏み出したのだ。

家康に託す直虎の想い

ここからは、〈井伊家六〇〇年の歴史区分〉のうち、いよいよ最後の【4】に突入する。

【4】徳川家康の譜代筆頭へ驀進の時代

〈一五七五年（天正三年）～一六〇二年（慶長七年）〉

井伊直政が徳川家康の小姓として仕え始めた時期から関ヶ原の戦いで、東軍の家康に勝利をもたらし、戦後、佐和山藩（一八万石。後に、彦根藩となり、三五万石を有する）主になった。

万千代が浜松城に小姓として上がった三カ月後、家康は信長に援軍を頼み、長篠城（愛知県新城市）に出陣、一五七五年（天正三年）五月に長篠の戦いが起こった。この戦いで信長、家康に敗れた武田家は衰退の一途をたどることとなる。

一五七六年（天正四年）二月の夜、高天神城の攻防をめぐり、家康と武田勝頼が対峙していた最中、万千代は大手柄を立てる。陣営で就寝していた家康の命を狙い、寝所に忍び込んだ間者数人に気づいた万千代は、一人を斬り殺し、一人に手傷を負わせて家康の命を守ったのだ。このとき万千代、一六歳の初陣だった。

主君・家康の命を守ったことで、万千代は三百石から一気に十倍の三千石に加増された。万千代は井伊谷三千石を直虎に預けた。直虎は依然、井伊家の当主だったからである。万千代にとって直虎は、実質上の母でもあったのだ。

万千代が一八歳になった一五七八年（天正六年）三月、家康によって甲冑着初式《きぞめしき》が執り行われた。家康は具足を着せる役である具足親《ぐそくおや》に、姉川の戦いなどの合戦ごとに武勇を立ててきた菅沼藤蔵《とうぞう》を指名した。万千代が武勇に秀でた武人になるよう願う家康の気持ちがこめられていたという。

その二日後、家康は駿府に入り、武田が遠江攻略の拠点としていた田中城（静岡県焼津市）を攻めた。従軍した万千代は手柄を立て、さらに一万石を加増。これで、一万三千石となった。同じ年の七月に、直虎の母が旅立った。

一五八一年（天正九年）に、難攻不落の城として名高かった高天神城攻めで、家康は水の手を切る功を立てる。水の手を切ったことが功を奏してか、この年の三月に高天神城は落城した。武田勝頼の武威がまた一つ消えることになった。

直虎は母を失った寂しさもあって、血はつながらないが自分を慕ってくれる万千代を、一段とわが子のように大切に想うようになっていた。直虎はすでに四十代の半ばを超えていたと思われる。おんな城主として万千代を助け、井伊家の政務を取り仕切ってきたが、緊張が緩んだこともあり、病がちになった。

井伊家断絶の危機を寸前で乗り切った直虎は、家康のもとで数々の功績をあげていく万千代の勇姿に安堵しながら、一五八二年（天正一〇年）八月二六日にその生涯を終えた。四十数歳の生涯だったという。

まるで悲劇の連続のようであった己のつらい人生が、万千代によって救われた。必死に井伊家を守った甲斐があったと、直虎はつくづく思ったに違いない。

「井伊の赤備え」の誕生

一五八二年は、万千代にとってもかつてないほどの大混乱の一年だった。この年の三月、信長と家康に攻められて、武田家が滅亡した。甲斐・信濃を始め五カ国を領し、一時期は天下を摑もうとした武田家が天目山にて滅ぶ。

その三カ月後の、六月二日、京都・本能寺において、織田信長が明智光秀の謀叛に遭い四九年の生涯を閉じた。この直前、安土城に招かれ、信長の歓待をうけた家康は、本能寺の変が起きた当日は堺に遊んでいた。万千代も他の家臣たちと随行していた。

家康は一時、死を覚悟したが、服部半蔵の機転によって急ぎ帰途についた。有名な伊賀越えの険路だった。家康を無事に守り続けた功により、万千代は孔雀の尾羽を全面に縫い付けた孔雀《くじゃく》尾具足羽織《おぐそくはおり》を拝領することとなった。

同年七月、武田家の旧領を手中に収めるために、家康は甲州出兵を行う。その翌月の八月、先に触れたが、井伊直虎がこの世を去った。万千代は甲州の陣中で直虎を偲んだ。家康の元でより切磋琢磨することこそが、自分を守り続けてくれた直虎に報いる道だと信じ、万千代はさらなる活躍を誓ったのだった。

同年の一〇月、家康は万千代に大役を任せた。北条氏直から申し入れてきた和睦の使者に、万千代を起用したのである。

若神子の陣にいた北条氏直は、戸石城（長野県上田市）の真田昌幸が寝返って家康方につき、さらに本陣付近の塁砦《るいさい》も攻略されており、和議を申し入れざるを得なくなっていたのだ。この交渉により、家康は甲斐国都留郡、信濃国佐久郡を手に入れ、上野国を北条方が領有することになった。

さらに、氏直と家康の姫君・督姫《とくひめ》の婚儀が決まった。家康は甲信を領有し、武田家に代わる五カ国の太守となる。こうして万千代は初めての大役を無事に果たすことができたのだ。

また、武田家の旧臣で、甲斐・信濃の国人領主たちを徳川方に組み入れる交渉を、万千代が見事に果たした。家康はその功に報いて万千代を四万石に加増した。この石高は、かつての直盛の二万五千石を大きく上回る。しかも、家康からの恩賞はこれだけではない。

当時、万千代の周辺には井伊谷以来のわずかな側近しかいなかった。万千代をゆくゆくは一軍の大将に育てあげるため、家康は万千代に家臣を与えたのだ。家康は北条氏との対陣の最中、武田家の滅亡のため行き場を失った武田方遺臣の抱きかかえにつとめ、そのうちの山県昌景《やまがたまさかげ》を含む四隊の従士七四人を万千代に付与した。

しかもこのとき、家康は甲冑をはじめ、すべての武具を赤色で統一するように万千代に命じたという。戦国時代、赤は武勇にすぐれた精鋭集団の象徴として誉れある色とされていた。「井伊家の赤備え」の誕生である。

「赤備え」を最初に用いたのは武田家譜代の家老衆で、猛虎の異名を取った飯富虎昌《おぶとらまさ》だとされている。虎昌は、信玄と対立して自刃させられた嫡子・義信と行動をともにし、処刑されている。このとき信玄は、虎昌の弟である山県昌景に赤備えを引き継がせたのだ。昌景は武田家二十四将の一人であり、その騎馬軍団もまた赤に統一されていたという。ちなみに、武田家に仕えた真田家も赤備えだった。大坂の陣の折、幸村は赤備えで戦っている。

さらに、関東の諸士四三人も与えられ、一一七人が万千代の配下となった。しかも、家康近侍の士である木俣守勝《きまたもりかつ》、西郷正友《さいごうまさとも》、椋原政直《むくはらまさなお》の三人に、「若年の万千代を頼む」と家康が直々に補佐するよう命じたとされている。

直虎の死から三カ月が経った一一月、万千代は二二歳で元服した。武家の子どもであれば、一五歳が元服の年齢である。万千代は一五歳で家康の小姓になっており、すでに初陣も果たしている。こんなに遅い元服は通常考えられないだろう。

では、なぜこんな時期まで元服を遅らせたのか。おそらく、おんな城主・直虎を万千代が慮り、元服を延ばしてきたのだろう。

苦難の時代を必死に耐え、自らが先頭に立って井伊一族を守ってきた直虎に、井伊本家のおんな城主として少しでも長くいてほしいと思う気持ちが、万千代にはあった。自分が元服すれば、直虎は引退を余儀なくされてしまう。直虎を母と慕う万千代自身が、一五歳での元服を許さなかったのだ。

直虎の死を受け、元服を終えた万千代に、家康は「直政」と名乗るように命じた。さらに、自身を支える一隊の将となったことを認め、万千代に「兵部小輔《ひょうぶしょうゆう》」も併せて名乗るよう命じた。兵部小輔は、万千代の曽祖父にあたる直平が名乗っていた呼称である。

「井伊兵部小輔直政」

井伊家の新しい歴史は、ここから始まったと言えよう。

翌年、直政は松平周防守康親《すおうのかみやすちか》の娘と結婚する。もちろん、直政に結婚を勧めたのは家康だ。彼女は家康の養女となって直政に嫁いだという。こうした一連の事実からは、家康がいかに直政を大切にしていたか、その深い想いが伝わってくるだろう。

小牧・長久手の戦いで「井伊の赤鬼」

赤備えの井伊隊が大戦デビューしたのは、一五八四年（天正一二年）の小牧・長久手の戦いである。本能寺の変の後、山崎の戦いで謀反人・明智光秀を討ち、急速に台頭してきた羽柴秀吉と、「海道一の弓取り」となった徳川家康が対峙した戦いである。

清洲会議を経て、一五八三年（天正一一年）四月に賤ヶ岳の戦いで柴田勝家を滅ぼした秀吉は、同年暮れには新築した大坂城に織田信雄などの諸将を招くなど、織田軍団の武将たちを手なづけ、天下取りへの野望をそろりそろりと押し出している時期であった。

一方の家康は、一五八三年に秀吉によって安土城を退去させられた信雄に泣きつかれ、かつて同盟関係にあった信長の息子を助ける意味で重い腰を上げた。

徳川家から小牧・長久手の戦いを見ると、家康が天下を治めることができたのは、長久手の戦いという局地戦で、一つの勝利を得たからだと言われている。家康の実力を秀吉に見せつけることができたからだ。

しかし、秀吉からすると、軍師・黒田官兵衛や股肱《ここう》の臣である蜂須賀小六《ころく》は毛利家との領地境界線の交渉に出向いており、ベストメンバーを揃えての戦いではなかったとの愚痴が聞こえそうだ。

この戦いで、家康はいかんなく深謀遠慮の政治的手腕を秀吉に見せつけた。紀州の雑《さい》賀衆《かしゅう》・根来衆《ねごろしゅう》、四国の長宗我部元親《ちょうそかべもとちか》、北陸の佐々成政《さっさなりまさ》、関東の北条氏政らと連絡を取り合い、秀吉包囲網を形づくり、秀吉軍を強くけん制したのである。

小牧・長久手の戦いで、二四歳になった井伊直政は大いに奮い立った。家康から徳川軍の先鋒を仰せつかっており、家臣を龍潭寺の南渓和尚に遣わして、「井伊家代々の軍旗は何か」と聞き及んでいる。南渓和尚は、「旗は井の字の紋、吹流《ふきなが》しは正八幡大菩薩《しょうはちまんだいぼさつ》」と答えたそうだ。

さて、いよいよその長久手の戦いである。家康は郷民の通報で、秀吉軍の動きをいち早く知ると、四〇〇〇の先発隊を先回りさせた。そして、家康自ら本隊を率い、井伊直政隊を先鋒にして、敵を追った。長久手で敵を挟み撃ちとする作戦だったのだ。

四月九日の夜明け前、家康本隊の先鋒である直政三〇〇〇の赤備え隊は、敵将・森長《もりなが》可《よし》を討ち取った。秀吉の別働隊は壊滅してしまう。

この戦いでの直政の赤備えは、驚異の的となった。この戦いの様子を書き記した書物では、「直政隊の赤鎧、赤旗、赤幟《のぼり》は朝日を浴びて輝き、その輝きが山から怒濤のように駆け下り、縦横に駆け破り、敵はついには打ち負けてしまった」と書かれている。

そして、秀吉軍の武将や兵たちは、直政を赤鬼《あかおに》と名づけていた。井伊家の赤備えは〝井伊の赤鬼〟と称されるようになり、後々までも恐れられることになったのだ。秀吉軍の武将も兵たちも、尾張より西の生まれの者が多く、「武田の赤備え」も言葉では聞いていたが、実際に見たことはなかった。目の前に現れた「井伊の赤備え」には、心底驚いたと思われる。

徳川の軍制における井伊隊の立場は、本陣を守る旗本隊で、敵に対峙する主力部隊は、酒井忠次・本多忠勝ら先輩諸将が占め、軍制上の序列では新参の井伊隊はそれに次ぐ位置だった。

直政はこの武功によって翌一五八五年（天正一三年）、二万石を加増され、六万石へと出世した。家康は、井伊家の本地である井伊谷を直政に返した。井伊谷三人衆を直政につけ、彼らが一部所有していた井伊谷の所領を他と交換し、すべての井伊家の所領を直政のもとに戻したのである。

一五八六年（天正一四年）に、家康は関白となった豊臣秀吉に臣従し、時代は秀吉による天下統一に向かって動き出した。家康が秀吉に臣従するきっかけの一つになったのが、家老・石川数正《かずまさ》の出奔である。数正は、酒井忠次とともに家康を支えた片腕だったが、小牧・長久手の戦いの後に出奔して豊臣秀吉に臣従したのだ。

数正が出奔し、秀吉の家臣になったということは、徳川家の軍制が秀吉に筒抜けになったことを意味し、家康は驚愕した。数正の裏切り後、家康の直政への期待がますます大きなものになっていったことは想像に難くないだろう。

秀吉の後押しもあり、直政、家禄で家臣筆頭に

戦場で次々と武功を重ねた直政だが、徳川家中ではまだまだ新参者だった。当然、直政に対する嫉妬や妬みはあったが、そうした周りの思惑を蹴散らすように、異例の速さ

で筆頭家臣へと出世していった。

その出世を、関白秀吉も応援するかのような振る舞いがあった。思えば、若き日の秀吉もまた織田家中で信長に可愛がられて異例のスピード出世をした男だった。その秀吉の振る舞いとは、直政に「羽柴姓」を授けようとしたのである。

直政は、秀吉の体面を汚さぬようにやんわりと断っている。

実は以前に直政の主君である家康が、直政に松平姓を遣わそうとしたことがあった。しかし、井伊は小さな武家ながら、介の通称を名乗ることを許された八家の一つ、八介であり、六〇〇年続く名家だ。誠に光栄なことながら、家康の申し出を断った経緯があった。

その際、家康からは、「このまま名誉ある井伊を子々孫々まで相伝するがよい」と言われていたため、井伊姓を捨てるわけにはいかなかったのだ。そうした事情を伝えると秀吉は、「直政の家はそんなに由緒があるのか」と驚き、羽柴姓の話は引き下げられたという。

秀吉は、同じような振る舞いを上杉景勝の家老・直江兼続にも行っている。一代で成り上がり、関白にまで登り詰めた秀吉には、大名の家臣でも優れた家臣ならば己の家臣にしたいとの貪欲さがあったのだ。

秀吉は加えて、全国諸大名に朝廷の官位を与え、家格の序列化をはかった。直政は、陪《ばい》臣《しん》ながら、「侍従《じじゅう》」という有力大名に相当する位を授かり、一五八八年（天正一六年）の後陽成天皇を聚楽第《じゅらくだい》に招いた聚楽行幸の際には、大名の列に唯一加わった。

この厚遇の理由は、直政の家柄と武将としての才を評価したのである。徳川家臣内での格差も、豊臣政権の序列が持ち込まれていた。そして、武家の頂点に立つ家格が豊臣家なのである。

一五九〇年（天正十八年）、関白秀吉は二二万の大軍を小田原に集結させた。北条氏政・氏直親子を討つための小田原征伐である。天下統一の仕上げの戦いだった。

秀吉軍はまず、小田原城周辺の支城を攻め滅ぼした。「難攻不落の名城」と言われていた小田原城は、かつて軍神と言われた関東管領の上杉謙信でさえ、越後勢と関東勢の兵一〇万で城を囲むだけで、攻め入ることはできなかった城である。

そこで、秀吉は諸将に対して無理な戦いを避け、取り囲んで数カ月の持久戦に持ち込んだ。城に立て籠もる北条勢五万の兵との睨み合いを延々と続けたのだ。

こうした戦況のなか、相手に痛手を与える戦いは、直政の仕掛けた一戦のみだったと言われている。北条親子と重臣たちが、戦うべきか下るべきかの小田原評定を続けている最中の六月、小田原城の外郭《そとぐるわ》にある篠曲輪《しのくるわ》に夜襲を仕掛けたのである。

直政は赤備え隊を引き連れ、小田原城中に向け自ら鉄砲を放った。誤って弾と薬を一緒に込めて発砲したため、鉄砲の筒が破裂して直政の左指を破ったが、ひるむことなく鉄の盾を提げて攻め入った。城兵の首級四〇〇余りを討ち取り、その首を秀吉の元に送ると、秀吉は大いに悦んだという。

この戦いから間もなくして、秀吉は七月に北条氏を滅ぼし、家康に関東二百四十万石を与えた。家康は領地を家臣たちに分封《ぶんぽう》するが、このとき秀吉が家康に、「直政には六万石を加増するように」と命じたこともあり、直政は一二万石で上野国箕輪《みのわ》城（群馬県高崎市箕郷町《みさとまち》）の城主となった。この領地高は先輩諸将を超えるもので、直政はついに家臣筆頭になったのだ。

その前年、一五八九年（天正一七年）九月に、龍潭寺の南渓和尚こと南渓瑞聞はこの世を去る。七〇代半ばと思われる。井伊家を影から救い続け、直政を徳川家に出仕させて井伊家復興をはかったとされる、井伊家を語るうえで外すことのできない人物であった。

column

「三方善」と私の信条

彦根と言って思い浮かぶのは、彦根城と井伊家が一つ。もう一つは近江商人である。彦根には滋賀大学があるが、同大学の経済学部は昔の彦根高商の流れを汲み、まさに近江商人の勉強の場だった。

私は近江商人の末裔である。生業は鉄屑屋。明治の初めに、井伊家の家臣たちが刀や鎧を売りに出し、私の実家はそれを輸出して大変儲けたようだ。

しかし、若い頃の私はこの近江商人が嫌いで、話を聞くのも嫌がった。私が大嫌いだった近江商人だが、江戸時代、彦根藩の代々の藩主はその育成に努めた。

三〇歳を過ぎた頃から、私は彦根商人に関心を持ち始めた。ある経営者から「三方善」の話を聞いてからだ。三方善とは、近江商人が大切にした商い哲学である。まず、お客様にとって善し。次にお客様に信頼される。お客様の集合体である世間から信頼されるで、善し。最後は会社にも善し。これが三方善である。

この考え方は、ジャーナリストになってからの私の行動規範になった。私は「三方善」をアレンジし、「私の信条」とした。一つは欠席裁判を一切しない。批判するときは相手の前で。二つ目は嘘をつかない。三つ目が隠しごとをしない、である。嘘をつき出すと、何が本当か嘘かわからなくなる。隠しごとをすると、何が隠しごとなのかわからなくなる。そして混乱し、結局バレて、信用を失う。

私は、この三つを、「私の信条」としていまも守っている。

第4章

譜代筆頭・大老家として生きる

——忠義専心で将軍家に仕える

直政の政治的手腕と右肘の負傷

小田原征伐後、名実ともに豊臣の天下となり、武将たちは戦場での戦闘能力に加えて、政治交渉能力も求められる時代になった。家康のもとで最大限にその手腕を発揮したのが、井伊直政である。

家康近くに控えての公務で忙しい直政は、領国の高崎にはほとんど帰れずに過ごした。一五九八年（慶長三年）、直政が江戸から京都にいる家康のもとに着いたときに秀吉が死去した。いよいよ家康の天下取りが始まる。

直政は、家康から全権を委任されて、豊臣恩顧の武将たちへの調略を進めた。武勇に優れ、他家からもその存在を認められていた直政は、家康の家臣ながら秀吉の招きにしばしば応じ、饗応を得ていた。若輩ながら徳川家中で最大の石高を持つその実力と家康からの信頼によって、この任にはうってつけだったのだ。

豊臣恩顧の武将たちは二つに割れていた。朝鮮出兵で激しく厳しい戦闘を経験した武闘派と石田三成らの奉行派で、互いに反発を強めていた。前田利家の死後、二つに割れていた豊臣恩顧の武将たちは激しく対立し合った。

直政は、武闘派の中でも、天下人秀吉の縁者ではなく、豊臣家との主従のつながりも絶対的でない黒田長政と信頼関係を築いた。黒田孝高《よしたか》・長政父子と盟約を結び、長政を通じて、豊臣恩顧の武闘派の武将たちを家康方へ引き入れたのである。

黒田長政は〝軍師・官兵衛（＝孝高）〟の息子であり、豊臣恩顧の武将たちの間でも一、二を争う実力者だった。そのため、長政の一言、一言には重みがあった。

豊臣恩顧の猛将であり、秀吉の縁者である福島正則や北政所《きたのまんどころ》の縁者である浅野幸長《よしなが》、小早川秀秋は長政の言葉を信じた。他に、細川忠興、吉川広家などの説得にもあたった。また、秀吉方の西軍に加わろうとしていた京極高次、竹中半兵衛の息子である竹中重門《しげかど》、加藤貞泰、稲葉貞通らを家康方の東軍に取り込んだ。

事態は、新たな局面を迎えた。上洛を拒否し続けた上杉景勝を討つために、会津（福島県）に向かった家康が率いる東軍は途中、西軍・石田三成の大坂での挙兵を聞き、下《しも》野《つけ》の小山《おやま》（栃木県）から上方へ引き返すことになった。一六〇〇年（慶長五年）七月のことである。

私の推測だが、景勝と三成の動きは秀吉の遺言ではないかと思われる。秀吉は死に臨み、五大老ならびに五奉行たちに何度も起請文をとっただけではなかった。死の一年ほど前から、各武将たちに遺言を乱発していたのだ。あまりに多くの遺言があるため、ある武将は秀吉の遺言を集めて、「秀吉遺言集」のような書物をつくり、家康に手渡しているほどだ。

上方へ引き返す東軍の先鋒隊は福島正則、黒田長政、浅野幸長ら秀吉恩顧の武断派武将たちだった。家康は直政と本多忠勝をこの先鋒隊の軍監に指名し、「万事、直政の指図に従うように」と書状で命じている。

東軍・家康方の主力となる秀忠軍三万八〇〇〇は、真田昌幸・信繁親子が立て籠もる上田城攻めで、真田親子に翻弄され、同年九月一五日の関ヶ原の戦いには参戦できそうもなかった。家康は秀忠軍の力なしに、豊臣恩顧の武将たちを頼りに戦いに臨むことになったのだ。

その先鋒で一番手柄を狙うのは福島正則。しかし、「徳川家の命運がかかるこの戦に、まず徳川家が仕掛けなくてはならない」と直政は決意し、直政の娘婿で家康の四男・松平忠吉《ただよし》に、直政は赤備えの三〇人ほどを従えさせて、福島隊の横をすり抜け、前面に出ようとした。二〇歳になっていた忠吉の初陣だった。

これに福島隊が気づき、抜け駆け禁止の掟を叫び制止しようとした。それに対して、直政は初陣の忠吉の視察と言い張った。家康直属の軍監・直政は強引に福島隊に道をあけさせたのだ。直政は西軍・宇喜多《うきた》勢の前面へ飛び出て発砲した。直政に負けてはいられないと思った正則は、足軽鉄砲隊に一斉砲火を浴びせて、宇喜多勢に攻め入った。

こうして、関ヶ原の戦いが始まった。

直政は抜け駆け禁止の掟をあえて破り、赤備え隊の手によって決戦の火ぶたを切った。直政は豊臣恩顧の武将たちも多数加わっているが、これは徳川家の、家康の戦いであることを示したかったのだろう。家康はこの直政の動きに暗黙の了解を示していたはずである。

宇喜多秀家勢、小西行長勢、石田三成勢の奮闘によって西軍は、東軍の攻めを押し返していた。一進一退の戦いになったが、その均衡を破ったのが、西軍・小早川秀秋の東軍への寝返りだった。この秀秋の裏切りに、大谷吉継は少数の軍勢ながら、苛烈な戦いを挑み、潔く散っていった。

勝敗は決したと思われる関ヶ原で、西軍・島津義弘勢の戦いが始まった。島津勢は東軍だらけの関ヶ原で孤立無援の状態だった。しかし、ひるまず一〇〇〇の島津勢は、東軍の真正面に突き進んだ。正面にある伊勢街道からの撤退を目指したのである。

島津勢の決死の撤退に応戦したのが、直政だった。執拗な追跡によって、ついに義弘を包囲しかけたが、義弘の家臣がそのとき狙撃した銃弾が直政の右肘を撃ち抜き、落馬してしまう。井伊勢がひるむ隙に島津勢は危機を脱出し、これから三日がかりで二〇〇キロ先にある堺にたどり着き、そこから船で薩摩へ戻っていった。この追跡で忠吉も負傷した。

「徳川四天王」の一人、直政の早すぎる死

関ヶ原の戦いで島津勢の狙撃によって受けた傷を、直政は当初、重傷とは思っていなかった。事実、石田三成の居城である佐和山城（滋賀県彦根市）にて、三成の父・正継《まさつぐ》の討伐に加わっている。佐和山城は関ヶ原の戦いから三日後の九月一八日に落城した。

関ヶ原の戦いで負傷した直政だったが、その戦後処理に尽力している。西軍の総大将

である毛利輝元との講和では、大坂城にいた輝元に無血で開城させ、その後の毛利方との交渉は直政主導で進められた。

家康への忠節を誓わせ、直政の取り成し（周防・長門の二カ国安堵（土地権利の承認））に大いに感謝する起請文が輝元から直政に送られている。輝元としては起請文に書かれた内容は決して本心ではなかっただろうが、そう書かざるを得ない状況をつくり出した直政の手腕が一枚上手だったということだ。

また、関ヶ原の戦いでは家康と敵対していた島津義弘は、戦後は直政を通じて家康と和睦を結んだ。直政はその交渉が終了する前に亡くなったため、その後の交渉は本多正信に引き継がれた。

直政は、真田昌幸と次男・信繁（幸村）の助命にも尽力している。東軍に味方した昌幸の長男・真田信之の懇請を受け入れたもので、当初、家康は真田昌幸を許すことに難色を示したが、直政は恩を売ったほうがいいと考え、自らの進退にかけて説得したそうだ。

関ヶ原の戦いでは西軍に属したが、積極的に軍事行動を行わなかった大名に対しては、お家取り潰しを免除する代わりに大幅な石高減封を言い渡している。戦いの前には、所領安堵をするというお墨付きを与えていたので、当然、話が違うと抗議を受けた。しかし、所領安堵のお墨付きを出したのは直政で、家康ではないとして取り合わなかったという。その屁理屈のつけようにも直政の手腕を感じる。

井伊家は今川家に臣従したことで理に合わない辛酸をなめ尽くした。そのために、一族が滅び去ろうという状態にまで陥った。井伊家の当主たちは都度、ぎりぎりの選択を迫られ、判断し、家名を命がけで守ってきたのである。西軍の生き残った武将たちの虫のいい判断に、直政は冷静に、冷徹に対処したのである。

この抜群の政治センスと外交手腕は、井伊家の歴史が培ったDNAだったのかもしれない。〝井伊の赤鬼〟と恐れられた直政だが、優れていたのは武勇だけではなく、卓越した政治力も兼ね備えていたのである。

直政自身は、関ヶ原の戦いでの活躍を家康から評価され、六万石加増されて、佐和山十八万石(近江国内十五万石・上野国内三万石)の藩主になった。

佐和山は大坂と北陸、中山道を結ぶ、古代からの軍事・交通の要衝だった。直政は一六〇一年(慶長六年)一月に、高崎城から佐和山城に移った。関ヶ原後の大名配置を見ると、佐和山藩は徳川方の西端の要衝にあり、西国に領地を得られた豊臣恩顧の大名たちと折衝する直政の立場を象徴していたと言えるだろう。

しかし、直政は関ヶ原で受けた鉄砲傷が悪化したのか、一六〇二年（慶長七年）二月一日、佐和山城にて死去してしまう。当初は大した傷とは思えなかったが、敗血症もしくは破傷風になったようで、症状が悪化してしまったのだ。

体調が悪化していく中で、直政は石田三成の居城だった佐和山城に居心地の悪さを感じて、城の移転を家康に願い出ようとしていた。直政はしかし、願い出る前に四二歳でこの世を去った。一年後に家康が征夷大将軍になるのを見ることができなかったことを想うと、無念の一語に尽きるだろう。

ただ、直政は志半ばで死んだが、井伊一族の願いは通じた。直虎の苦闘を糧にして、龍潭寺の南渓和尚の導きで、直政は井伊家復興を果たしたのである。

最後に、直政の遺した歌を紹介する。この歌に、直政の伝える〝井伊家の教え〟を垣間見ることができるのではないだろうか。

祈るぞよ　子の子の末の末までも　護《まも》れ近江の国津神々

兄・直継の代役・井伊直孝、大坂冬の陣に参陣

彦根藩二代藩主である井伊直孝《なおたか》は、父・直政に劣らぬ名君だったと言われている。二代将軍・徳川秀忠からも篤く信頼され、病の床に就いていた秀忠から大和郡山藩主・松平忠明《ただあきら》とともに、三代将軍・徳川家光の大政参与（または元老）を頼まれている。「大政参与」（または元老）とは、後の時代の「大老」のことだ。

直孝は直政の次男に生まれ、幼名は弁之助と呼ばれていた。誕生は、兄・万千代（元服後は、「直継《なおつぐ》」と命名された）と同じ一五九〇年（天正一八年）のことである。この年は小田原征伐があった年で、兄の誕生地は遠江の井伊谷だったが、弁之助の場合は駿河国藤枝か焼津という説が有力である。その年の暮れ、直政は新しい領地・上野国箕輪城（群馬県高崎市）に移った。

万千代の母は正室だったが、弁之助の母は判然としない。直政の侍女であったとも、駿河国の農民の娘だったとも伝えられている。兄の万千代は箕輪城の直政の側で育てら

れたが、弁之助は六歳からは上野国安中《あんなか》の北野寺に預けられて、幼少期を過ごした。弁之助のエピソードを一つ。弁之助が一三歳のとき、近くの民家に盗人が入った。この事件を聞きつけた弁之助は、夜半だったが犯人を追いかけて捕まえたのである。この話は、父・直政の耳にも入り、箕輪城に弁之助を呼び寄せた。直政と離れて暮らす弁之助にとって、直政の武勇は憧れだった。これまで、数えるほどしか会っていない直政に会える。弁之助は嬉しくて嬉しくて、早く直政のような武士になりたいと、思いを馳せたに違いない。

弁之助は、雪が吹き込む場所に座り、直政がこの部屋に入ってくるまで寒さを我慢して、じっと座って待っていたという。その様子に感動した直政は、褒美として子犬を一匹与えた。そして、弁之助に、井伊谷のこと、養母だった直虎のこと、そして龍潭寺の南渓和尚のことなどを話したに違いなかった。

一六〇〇年（慶長五年）、赤鬼と恐れられた父・直政が関ヶ原の戦いで被弾すると、兄の万千代が直継と改名し、家督を継いだ。同じ頃、弁之助も井伊直孝と名乗りを改め、父の居城である近江国佐和山城内に移り住んだ。二年後、戦傷で直政が落命し、兄が新しく築城を始めるが、この話は後ほど触れることにする。

一六〇八年（慶長一三年）、直孝は上州刈宿五千石に移り住む。「かりやど」は、急斜面に挟まれた谷間や湿地の地形名で、石高はあまり期待できない。その二年後の、一六一〇年（慶長一五年）、直孝は一万石に加増される。

そのとき、予想していなかった吉報が直孝に届いた。二代将軍・秀忠の近習《きんじゅう》として仕えることを、家康から命じられたのである。次第に、直孝に、時代の風が吹き始めた。直孝の利発ぶりが、家康を、父・直政を動かし始めたのではないかと思われる。幕政に欠かせない直孝の智恵が次第に注目され出したのである。

その後、書院番頭《しょいんばんがしら》・大番頭《おおばんがしら》を勤め、一六一三年（慶長一八年）には京都伏見城番役《ばんやく》を勤めることとなる。正室の子ではない直孝は、本来であれば家督を継ぐ立場になく、臣下となって生涯を送る心づもりだった。しかし、一六一四年（慶長一九年）、関ヶ原の戦いから燻っていた徳川家と豊臣家の天下をめぐる最後の戦い、「大坂冬の陣」が、直孝の運命を変えることになる。

井伊家は、徳川家譜代大名筆頭として、大坂冬の陣の先陣を命じられた。しかし、藩主・直継は生来病弱で、武将としての器量に欠けていた。そこで徳川家康は、直孝が兄に代わり、井伊本家四〇〇〇の軍勢の頂点に立つよう命じたのだ。

「赤鬼」と恐れられた父の気性を最も色濃く受け継いでいたのが、他ならぬ直孝であった。剛健にして誠実。甲冑具足まで赤一色に染め上げられた赤備えを身に纏い、先頭に立って戦いの渦の中に飛び込んでいく。井伊家の大将に任命した家康は、先陣を切る戦場での直孝の姿に、若き日の直政の姿を見た想いがしたと思われる。

大坂夏の陣の武勇で、天下にその名を轟かせる

家康は豊臣家との戦いの前に、大坂城中に数多くの間者を忍び込ませ、謀略と裏切りの罠を数多く用意していた。そのため、大坂城内の出来事は、すぐに家康の耳に入るようになっていたという。

関ヶ原の戦いの際には、西軍の総大将だった毛利家も、会津で家康の討伐軍を迎え討とうとした上杉家も、この陣では徳川将軍家の軍勢になっていた。簡単に勝敗は決まるだろうと誰もが思っていた大阪冬の陣だったが、大坂城内の浪人たちの志気が高く、互角の戦いを繰り広げていた。

豊臣勢は関ヶ原の戦いに比べると軍勢は減ったとはいえ、後藤基次《もとつぐ》、長宗我部盛親、木村重成、真田幸村と歴戦の武将たちが加わっていた。数で勝る徳川勢も劣勢を強いられることが少なくなかった。

そんな中で、井伊直孝は彦根藩兵四〇〇〇を率いて赤備えの先陣に立っていた。これまでどんな戦でも、井伊家は赤備え隊を率いて勝ち鬨《どき》を上げてきた。徳川勢の勝利の条件のようなものだ。

迎えるは、出城として構えていた真田丸に立て籠もる真田幸村の赤備え隊三〇〇〇だった。真田幸村が相手でなかったならば、父・直政と同じく直孝は戦場を真っ先に駆け抜け、数々の武功を挙げることができたはずである。

しかし、幸村は、薩摩初代藩主・島津忠恒から「日の本一の兵《つわもの》」と呼ばれた智将である。強さの象徴と言われた赤備え同士が邂逅した瞬間だった。幸村の引き付けと一気に押し出す巧みな戦術で、直孝はまったく歯が立たなかったという。

まず、猛将と呼ばれた前田利家の息子・利常が真田丸を攻めたてたが、真田の挑発に踊らされ、その軍勢を瓦解させられてしまう。利常勢の突撃を見て、「後れをとるわけにはいかない」と考えた直孝と徳川家康の近親である松平忠直は、急に突撃を開始する。

ところが、幸村は事前にその動きを読んでいたのだ。真田丸の防御は完璧に近い形で完成していたため、二重の柵の間にはまり、身動きが取れない直孝勢に対し、豊臣家の譜代家臣・木村重成が一斉射撃を行う。次いで、横から参戦した真田勢も射撃に加わり、直孝勢は一瞬にして五〇〇の死者を出してしまったのだ。

幸村を始めとする豊臣勢は、ある程度痛めつけるとすぐに城内へ引き返した。徳川勢への深追いは決してしなかった。直孝は、兄・直継の代わりに参戦し、手痛い学びをすることとなった。

冬の陣は講和を迎え、「大坂城の外堀を埋める」という徳川方に有利な講和が結ばれた。ところが徳川方は、将軍・秀忠の指揮のもと、内堀まで埋めるという暴挙に出た。このあたりの史実は、多くの読者の方も知るところだろう。

直孝の急な突撃は軍令違反として将軍・秀忠に咎められ、直孝は処罰されそうになったが、家康は味方諸軍の志気を高めたと褒めたたえたという。直政の後継者としての役割を立派に果たしたと評価した家康は、陣後に直孝へ直政の家督を相続するよう命じた。これを受け、兄・直継は、直政の領地のうち上野国三万石を分地され、安中藩主となった。

ここに、彦根藩主・井伊直孝が誕生する。彦根藩井伊家では、江戸時代より、直政の家督を継いだ直孝を二代藩主とかぞえており、直継は分家初代としている。

翌一六一五年（慶長二〇年）五月、再び大坂で戦役が勃発する。「大坂夏の陣」である。直孝は冬の陣での汚名返上のために、再び赤備え隊を率いて参戦した。

直孝は先陣を任された藤堂高虎《たかとら》勢とともに、道明寺方面に向かおうとした。しかし、直孝は戦いの趨勢を嗅ぎ付けることに長けていたのか、「作戦通りに」と進言する老臣たちを無視し、若江方面に転進した。そこには、木村重成勢が待ち構えていた。

直孝勢からの銃撃で戦の火蓋が切って落とされた。初めは互角の戦いだったが、やがて直孝勢が勢いを増し、木村勢を打ち破った。直孝の活躍は目覚ましく、木村重成を討ち取った後、豊臣秀頼を追い詰め自害させた。徳川の本隊が大坂城を取り囲むと、真っ先に火矢を放ち、秀頼の母・淀殿をも追い込んだという。

大坂夏の陣の活躍により、彦根の井伊直孝の名は天下に轟いた。井伊家は五万石が加増され、直孝も従四位下・侍従へ昇格。その後、井伊家は京都の監視と畿内への抑えとして加増が繰り返され、一六三三年（寛永一〇年）には三五万石（領地＋城付き米五万石）に加増され、徳川家譜代大名筆頭としての立場を揺るぎないものにしたのである。

その内訳は、近江国（滋賀県）に二八万石、武蔵国世田谷（東京都）と下野国佐野（栃木県）に二万石、加えて彦根藩が幕府から預かる蔵米五万俵を加えた数字である。五万俵が五万石の領地の年貢収入に相当するため、五万石の領地を持っているのと同じとされる。この預かり米は、幕府が戦争に備え、日本各地の重要拠点に置いたもので、彦根城の五万俵は最大規模だったという。

現在、彦根藩・井伊家が三五万石と言われる所以はここにあったのだ。

徳川幕府・西国の要所を守る彦根城

彦根藩の礎を築いたのが、二代藩主の井伊直孝である。大坂の冬、夏の陣では「赤鬼」と呼ばれた父・直政に引けをとらない武勇を発揮した。

しかし、直孝が名君と呼ばれるのは武勇もさることながら、戦のない太平の世の中になってからの冴えわたる治世の手腕だった。その点においても、直孝は父の背中を目指したのである。その背中には、井伊谷の時代の直虎と龍潭寺の南渓和尚の想いも宿っていただろう。

直孝は彦根城をつくり、城下町を形づくっていった。結果的に、彦根は近江国で一番大きな城下町となった。さらに、徳川将軍家からの信頼も篤く、江戸幕府においての井伊家の地位を不動のものにしていったのだ。

ここで、彦根藩の象徴である彦根城の築城について見る。

一六〇〇年（慶長五年）の関ヶ原の戦いの軍功により、佐和山藩一八万石の城主となり、西軍の中心人物である石田三成の居城であった佐和山城に井伊直政は入城した。

しかし、直政は佐和山城の古い山城の縄張りと三成の居城だったことを嫌ったという。この城に腰を据えてしまうと、軍事要塞として確かに鉄壁の要塞になると直政は思った。佐和山の麓あたりは当時、沼地になっていたからだ。

だが、直政はもっとその先を見ていたと思われる。これから戦がなくなる平和な時代が来る。その時代になると、居城を中心とした城下町を広くすることで、藩が栄える。彦根藩の繁栄こそが大切なのだと思い至ったのだ。

そこで、直政はもっと湖岸に近い磯山（現在の米原市磯）に居城を移すことを考えたが、関ヶ原の戦いでの戦傷が癒えず、一六〇二年（慶長七年）に死去してしまう。「直政が三成の祟りで死んだ」との風評を耳にした家康は、その風聞を密封するために、五層天守があった佐和山城の頂上を六メートルも削って平らにし、佐和山への一切の立入を禁止させた。

以後、井伊家は一二〇年間にわたり、この禁止令を解かなかった。さらに、佐和山への立入ができないように、彦根の龍潭寺を建立するなど、その周辺に幾つかの寺院を置いて守りを固めた。

その後、直継が家督を継いだ。しかし、一二歳の幼君だったため、直政の遺臣で家老の木俣守勝が家康と談合し、一六〇三年（慶長八年）に彦根山（金亀山《こんきやま》、現在の彦根城の場所）に彦根城の築城を開始することになったのだ。

築城は、彦根藩だけの工事ではなく、将軍・家康の名のもとに行うことになった。それは、彦根城が江戸幕府の西国への重要な備えとしての役割を担うからだ。

西国大名で徳川幕府に反抗する動きが出た際には、まず彦根で敵をむかえ討つ算段だった。また、敵が京都に入ったときには、琵琶湖を船で渡りすぐに駆けつけるために、松原の港には船を準備していたという。加えて、彦根は西日本や京都・大坂方面から江戸・関東方面へ走る中山道が通っていた交通の要所でもあった。

こうした理由により、築城のために幕府からの御奉行が三名付けられ、尾張藩や越前藩など徳川親藩を始め、七カ国一二大名が手伝いを命じられた。幕府が全国の大名に命令して行わせた土木工事を天下普請と言ったが、彦根城もまさにそうだったのだ。

一六〇六年（慶長一一年）までの工事で、天守閣が完成し、直継が入城した。しかし、その後、家康の指示で藩主が直継から直孝に替わり、大坂城の豊臣秀頼の不穏な動きがあり、先に見た大坂の冬の陣、夏の陣が勃発したことで、彦根城の築城は一時、中断してしまう。

大坂夏の陣が終わった後の一六一六年（元和二年）から、今度は彦根藩のみで工事が始まった。ここからは、二代藩主である直孝が彦根の城づくりと町づくりに尽力している。直孝自ら現場で指示を出し、大がかりな工事を進めたという。

この時期に御殿が建造され、一六二二年（元和八年）にすべての工事が終わり、彦根城は完成を迎えた。二〇年のときを経て、直政の願いはかなえられたのだった。

彦根城城郭図

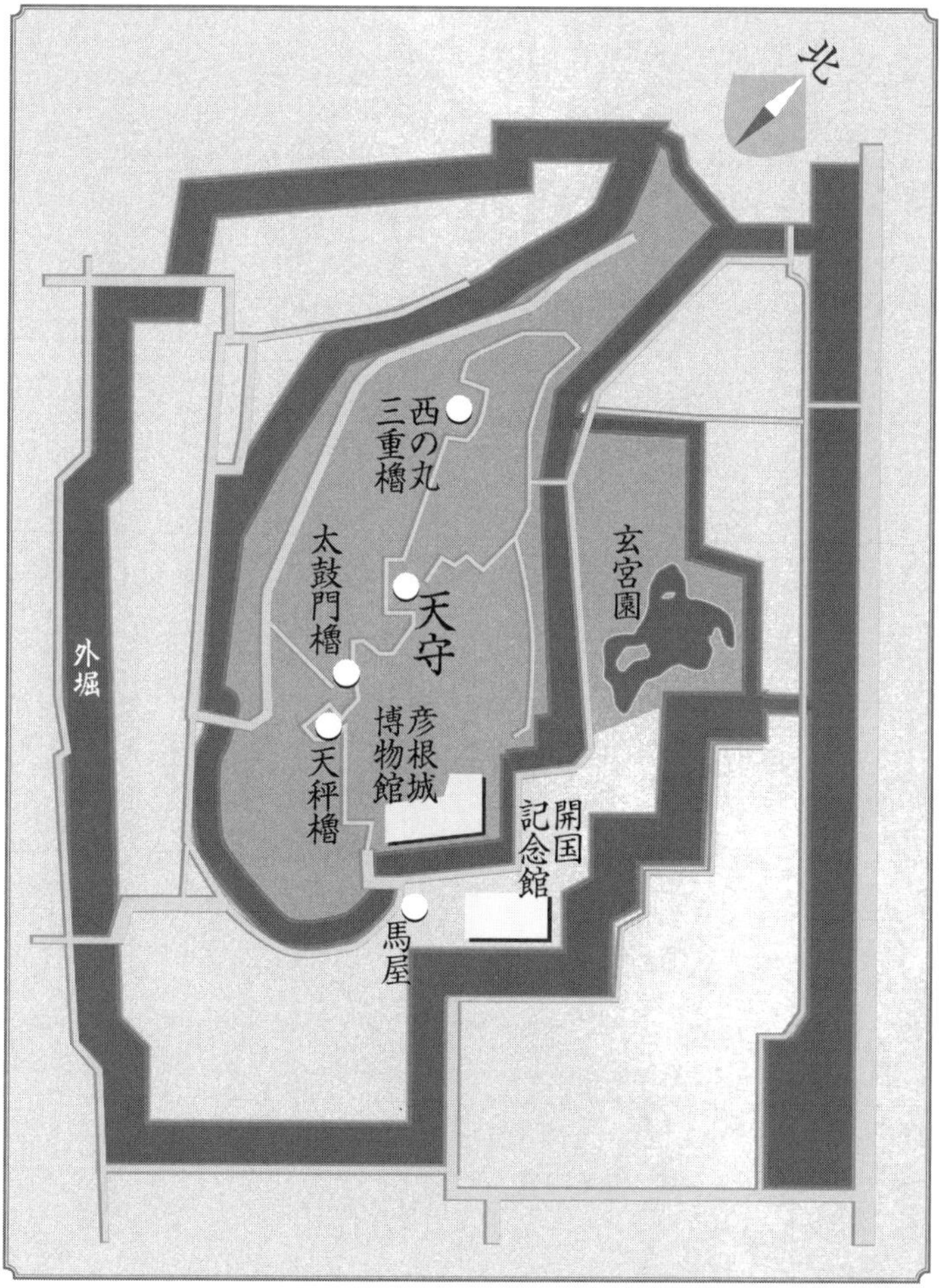

藩主二代の功労で、将軍家との関係は盤石に

ここで、彦根城に関わる逸話を紹介したい。

明治一〇年代、各地の城は廃城令によって破壊・売却されていった。彦根城もまた例外ではなく、当時、彦根城を管轄した陸軍省が破壊しようとしていた。

しかし、一八七八年（明治一一年）一〇月、明治天皇が巡幸で彦根を通過した際に、城の保存を命じたため破却は逃れたのである。その際、巡幸に随行した大隈重信が城の破却中止を天皇に奉上したと言われている。

大隈は、自身の著書『大隈伯昔日譚』の中で、「戊辰戦争の際に、彦根藩は新政府側で戦った。その英断と武勇への感謝の印である」と述べている。この年から、彦根城の管轄は陸軍省から宮内省に移った。

そして、大隈自身はそれから四年後、維新政府を追われてしまう。明治一四年の政変である。その後、大隈は立憲改進党を結成し、国民議会の開設を要求した。さらに、「一

国の近代化は教育にあり」という己の信念のもと東京専門学校、のちの早稲田大学を創設し、国民政治家として大きく羽ばたくことになる。

話をまた、井伊直孝に戻す。家康は幕府を開き、豊臣家を滅ぼした後も、京都の朝廷や寺社、西国の豊臣恩顧の生き残り大名に対して、高圧的な姿勢で天下のまつり事を行った。こうした姿勢には、強大な軍事力が背景にあった。

その強大な軍事力を支えたのが井伊家の軍勢だった。彦根城の堅牢な城郭は、徳川方最大の兵糧米を備蓄する軍事拠点であり、当時最先端の軍事技術だった砲術も導入していた。

直孝はしばしば京都に出向き、京都周辺の諸勢力と関わることで、幕府と友好関係を築く下地をつくっていた。これは、井伊家が徳川家康から「京都守護」の内命を受けていたと言われていたが、その現れだと言えるだろう。

直孝は常時、江戸住まいになり、居城の彦根にはあまり帰国できなかったと言われる。先にも触れたが、三代将軍・徳川家光のもとに大政参与（または元老）の立場で迎えられ、意見があるときはいつでも拝謁できる地位になったからである。

家光から直孝に向けられた相談事の多くは、軍事面に関することが多かったという。中国では、清《しん》に滅ぼされた明《みん》の遺臣たちが、江戸幕府に助けを求めたことがあった。幕臣らは、清との戦いに参戦し、多くの浪人たちを中国大陸の戦地に送ろうと計画した。しかし、直孝は、「豊臣家の朝鮮出兵を再現するのか」と一喝。計画を潰したという。

直孝はまた、四代将軍・家綱のご意見番としても活躍した。保科正之も大政参与の立場で、四代将軍・家綱を支えたが、正之は前将軍家光の異母の弟にあたる。直孝は正之の政治手腕に期待し、しばしば助言を与えていたとされている。

晩年の直孝にまつわる話で次のような話が残っている。

父・直政同様に家臣に厳しい質素倹約をさせ、直孝自身もそれを信条としていた。そのため、家臣よりも簡素な衣類で過ごしていたとされている。病がちになると、医者から「不養生だから病になるのだ」と言われてしまうが、「その方は名医ではあるが、戦には疎い。戦場では湿った土の上でも寝るものだ。体を温めるようでは徳川の先手は務められぬ」と答えたという。

一六五九年（万治二年）井伊直孝は永眠した。享年六九歳だった。直孝は幼い頃に憧れた父・直政の偉業を継ぐことを本懐とした。直政が主君・家康の天下取りに尽力し、譜代大名筆頭になり、直孝がその立場を継承、江戸幕府の全国支配の体制確立に重要な役割を果たした。直政・直孝二代にわたる貢献から、江戸幕府内での井伊家は特別な存在になったのである。

ちなみに、直孝の墓所は東京都世田谷区にある豪徳寺にある。この寺は井伊家の菩提寺でもある。それは、直孝がこの寺に立ち寄った言い伝えが所以となっている。

鷹狩りの途中、小さな寺の前を通りかかると白い猫が手招きをしていた。不思議に思った直孝は、その寺に立ち寄った。ほどなくして激しい雷雨となったので、和尚の説法を聞いて雨宿りをした。そのときの縁から直孝と和尚は親しくなり、寺は田畑の寄進を受けて立派に栄え、直孝の法名にちなんで豪徳寺に名を改めたという。

この和尚が大事にしていた白い猫が、福を招く「招き猫」のモデルとなり、彦根市のマスコットキャラクターひこにゃんも、この言い伝えをもとに誕生したものである。

最後に、井伊直継、名を改め、直勝《なおかつ》の、その後について簡単に触れる。上野・安中藩三万石の藩主となった直勝だが、治世の手腕はさすが直政の子と言われるほど優れたものので、領民の多くに慕われたようだ。一六六二年（寛文二年）に、この世を去る。直勝もまた、父の背中を目指した生涯だったのではないかと思われる。

中継ぎであることを自覚する、三代藩主・直澄の器量

二代藩主・直孝の五男として生まれた井伊直澄《なおすみ》は、本来ならば家督を継ぐ人物ではなかった。直澄自身も藩主の座をけっして望んではいなかった。しかしながら、三代藩主として一七年間、しっかりと穏やかな治世を行った。

直澄がなぜ藩主になったのか。その話をするためには、まずその兄・直滋《なおしげ》について触れなくてはならない。この兄こそ三代藩主を継ぐべき人物だった。直滋は父・直孝の嫡子として生まれ、早くから徳川二代将軍・秀忠、三代将軍・家光に寵愛されて育った。江戸城下で、譜代大名筆頭の、徳川四天王の井伊家の嫡男であるため、甘やかされていたのだ。

元服した直滋は、将軍家からの寵愛もあり、物おじせずはっきりと思ったことを言う一本筋の通った性格だった。その性格ゆえに、質素倹約を厳命とした父・直孝と反目するようになる。

直孝は公務が忙しく、直滋をよく思っていなかったこともあり、直滋に家督を譲るのを次第に激しく拒むようになった。直滋も直孝の厳しい性格を知っていたため、家督を継げそうもないことを察したからか、床に伏すようになった直孝を置いて、百済寺で出家してしまう。

これには井伊家の家臣も含め、誰もが唖然としたという。跡継ぎが突如出家してしまったのだから、無理もない。直孝は病床にあり、次第に力は弱まっている。早く次代を決めなければならない。そこでにわかに着目されたのが、直澄だったのだ。

直澄は、直孝が没すると同時に彦根藩三代藩主を継いだ。直孝は遺言でその次の当主までも指名していた。それは、先に亡くなっていた次男・直時の嫡子で、直澄の甥にあたる直興《なおおき》だ。直澄は、兄の子である直興へ井伊家の家督を譲るための中継ぎという立場だったのだ。

直孝にならい、直澄は常に節約に努めた。幕府の危機にはいつでもすぐに出陣できるよう、武具の用意も怠らなかった。直澄は己の才格がない分、直孝の遺訓を守ることに徹したのである。好んで地味な立場で過ごすことを意識した一七年間だったと言える。

しかし、直澄が藩主の時代に、彦根城下では商いが盛んになった。交通の要所だっただけに、周辺の特産物が城下に集まったのだ。この時代、全国で唯一、牛肉の味噌漬けがつくられるようになったという。地味で控えめで、思慮深い直澄の穏やかな治世が、彦根城下の商いを発展させたのである。

直澄にはその父・直孝の遺志こそすべてであった。縁談についても、直澄は「子どもが生まれても後継ぎにしてはならない」との直孝の遺言を守り、正室を娶らず、直興を養子として迎え、家督を継がせた。側室との間に子どもはいたが、家臣の分家に入れている。

藩主としての任を実直に勤め上げた背景には、父・直孝から、直政のこと、その直政を育てた直虎のこと、南渓和尚のことを伝えられたに違いない。そこまでして井伊家断絶の危機を救った一族なのである。「己が中継ぎ藩主であることに、何の不満があろうか」という心境だったと想像できる。

こんな逸話が残っている。井伊直澄が語られる際に、必ずと言っていいほど、この逸話が紹介されている。

四代将軍・家綱の茶会に参じたときのことだ。直澄は徳川光圀《みつくに》の伴として、将軍が直々に点てた茶を光圀が召し上がるのを側で見る役目だった。当然、直澄はその茶を口にすることはできなかった。

ここで事件が起こる。茶を点てるのに慣れていなかった家綱は、一人では飲みきれない大量の茶を光圀に出してしまったのだ。出された光圀も、将軍・家綱が点てた茶を残すわけにはいかない。場は一瞬にして凍りつき、切迫感が漂った。

そこに進み出たのが、直澄だった。

「将軍様がお点てになったお茶など、もったいなくて頂戴する機会はございません。ご老公様、もしもお飲み残しであるようなら、ぜひ拙者にも賜れないでしょうか」

光圀は胸をなでおろし、家綱も「余れば、直澄へ」と言ったという。光圀が将軍の点てた茶を残すという無礼も、大量に作りすぎたという家綱の恥も、直澄の一言で消えたのである。

直澄は穏やかで生真面目な気質だったが、機転が効き、その場でとっさに言ってのける胆力もあった藩主だったのだ。

さて、一六六八年（寛文八年）、四代将軍・家綱は直澄に対し、直孝の立場を継承して幕政に参与するよう命じた。直澄は固辞するが、周囲の説得により就任を了承し、一六七六年（延宝四年）の死の直前（享年五二歳）まで大老（大政参与）も務めた。

大老在任中に、江戸の市中を騒がせた浄瑠璃坂《じょうるりざか》の仇討《あだうち》が起きている。仇討を果たした一党は自害せずに、幕府に出頭して裁きを委ねた。これは徒党を組んでの仇討であり、通常であれば厳罰必至の裁定が下るはずだった。

ところが大老であった直澄が、死一等を免じて遠島流罪とした。さらに数年後には恩赦を与えて、仇討の面々を彦根家中に召し抱えたそうだ。これもまた、思慮深い直澄の一面を垣間見ることができる出来事と言えるだろう。

直政、直孝に次ぐ名君・井伊直興の治世

三代藩主・直澄（一六七六年・延宝四年に死去。享年五二歳）は、二代藩主・直孝の遺訓によって、亡き兄・直時の子・直興を養子に取り、四代藩主として後を継がせた。

直興は、直孝の後継者となるべく育てられ、将軍を支える重臣へと成長する。幕末の

大老・井伊直弼が君主として尊敬し、手本にしたほどの名君だった。直興は藩主と大老をそれぞれ二回務めた。

直興は、土木事業が大好きな藩主だったと言われている。周囲への細やかな気配りを怠らず、親分肌で面倒見のいい気質だったので、工事現場での指揮は天職のような楽しい仕事だったに違いない。

藩主となった翌年の一六七七年（延宝五年）に、さっそく土木事業を開始している。巨大な屋敷を備えた庭園「楽々園」や「玄宮園」である。玄宮園は近江八景を景観に取り入れた江戸初期の名園と言われる。当時、幕府は全国で造園や寺院の修繕を行ったが、彦根藩もそれを見習い率先して行ったのだ。また、松原港と長曽根港の改築も手掛けたと言われる。

一六八八年（元禄元年）には、徳川家康の霊廟・日光東照宮の修復普請総奉行に任じられた。この修復を手掛けた直興は、その経験を大洞弁財天《おおほらべんざいてん》の建立に役立てた。この寺院は東照宮と似たつくりで、現在でも「彦根日光」として親しまれている。

話は前後するが、直孝の時代には、近江国の百姓は大名の領地替えを想定して年貢の滞納が多かった。直孝は、家臣にこの滞納を指摘したが、領民に対しては細心の注意を払って対応することを諭した。細心の注意を払うことで、滞納というしたたかな抵抗をなくそうと考えたのだ。

直興の代になると、領民と彦根藩が一体であるという結束力を高めようと考えた。その試みが、先に触れたが、彦根城北東に建立した弁財天堂である。

この建立事業は藩が主導し、一六九五年（元禄八年）、建設のために領民一人につき銭一文の寄附を募り、武士を含む領民二五万九〇〇〇名の人々が寄附を行った。城を鎮護する寺院が大洞弁財天であったが、領民の寄進により、領民・領国を護る寺院の意味を与えたのだ。藩が領民の心を捉えようとした政策であった。

また、戦がない直興の時代になると、もともとの軍事組織から地域の行政組織へと変化する必要に迫られた。その変化に合わせて、職制・組織の整備が進められた。

常に大局的な見地で世の中を見ることができた直興は、一六九一年（元禄四年）に、藩士に命じて各家の由緒書を提出させている。「侍中由緒帳《さむらいじゅうゆいしょちょう》」という七五冊は、藩士の家系履歴が後世に至って紛糾することがないよう作成されたものだった。

これらは家臣に井伊家への奉公の歴史を認識させ、家臣としての自覚を促すねらいがあったと思われ、一六九八年（元禄十一年）には、家臣の「役職就任誓詞《せいし》」の提出法や各役職の誓約文言の内容が定められ職制が定まっていった。こうして直孝の時代から、直澄、そして直興の時代にかけて、井伊家は平時の組織体制へと移行したのである。

さらに、寛永の大飢饉（一六四〇年・寛永一七年～四三年・寛永二〇年）後の、一六四五年（正保二年）には、家臣の知行所《ちぎょうしょ》からの年貢率を四割に定めた。家臣が欲しいままに年貢を徴収することをなくし、藩として安定的に年貢を徴収するための定めであった。一六九九年（元禄一二年）には、町奉行の月番制や、筋《すじ》奉行の合議制を行うなど、町人や百姓の訴訟に公正に対応することを意図した政策も行っている。

直興は百姓、町人からも信頼される治世を行うために、さまざまに心を砕いた藩主だったと言えるだろう。

隠居し、現場復帰し、藩主に二度就任することに……

この時代は、領内統治に限らず、幕政の中でも、戦のない世の中に対応する変化が見られた時代だった。

井伊家で見るならば、一六八〇年（延宝八年）、四代将軍・家綱が亡くなり五代将軍・綱吉が征夷大将軍に任じられた返礼として、直興は朝廷への使者を命じられ、天盃および真利の御太刀を賜るという功績を挙げた。

また、先に触れたが、徳川家康の霊廟である日光東照宮改修総奉行を任じられ、これも遂行している。これまでの井伊家といえば軍事的な相談役の位置付けだったが、元禄の時代に入ると、その役割に上記のような少しばかりの変化が見られるようになったのだ。

当時の幕政は、四代将軍・家綱の時代は老中合議体制だったが、五代将軍・綱吉の時代になると、将軍専制が志向され、直興の大老就任もこの政治状況に合致したものだった。直興は、就任時に井伊家の由緒を記した「御覚書《おんおぼえがき》」全五冊を側用人・柳沢保明《やなぎさわやすあき》（のちの吉保《よしやす》）へ提出した。この覚書には、直虎のこと、南渓和尚についても触れられていたと思われる。

直興の大老就任は、将軍・綱吉や側用人・柳沢との政治的なつながりがうかがえる。直興の就いた大老職は、直孝・直澄の立場を継承しながらも、この時点で役職として確立したものだった。

こうして見ると、藩主としての直興の歩みは順風満帆と思われるが、実際はそうではなかった。その晩年は、後継者の問題にひどく悩まされることになったからだ。

直興には三三人もの子がいたが、その多くは急逝していた。直興自身、身体が弱く、一六九七年（元禄一〇年）に大老に任じられたが、その三年後には病気を理由に退いた。その後、直治《なおはる》と名を改めて療養に努めたという。

ところが一七一〇年（宝永七年）、藩主の座を譲った五代藩主・直通《なおみち》が二二歳で死去してしまう。直通は家臣や領民を大切にした仁慈の君と慕われた。彦根城に初めて入城した際は、「井伊家は先祖の武功でこの城郭を賜った。そしていま、自分は多くの領民に主として仰がれている。私はなんて幸福なのだろう」と、泣きながら話したとされている。直通もまた、幼い頃から藩祖・直政の話を通じて、直虎と南渓和尚の教えを聞いたはずである。

直通は生前、家督を弟の直恒《なおつね》に継がせるよう遺言を残した。これに従って直恒は藩主となるが病にかかり、藩主になって五〇日ほどで急死した。

相次ぐ藩主の急死を受け、幕府は大いに困惑した。井伊家には後継ぎがおらず、このままでは井伊家の血が途絶えることになる。それを何としても避けるために、療養中だった直治に白羽の矢が立った。直治は名を直該《なおもり》と改め、次の男子が成長するまでの間、藩主を務めたのである。

一七一一年（正徳元年）に大老に再任し、一七一四年（正徳四年）までの三年間、直該は幕政に参加した。この特別な措置は、当時、傍流の家宣《いえのぶ》が六代将軍に就任したばかりだったため、譜代筆頭として将軍権威を支える井伊家の存在が必要だったからだ。

直該は、一七一四年（正徳四年）の再隠居時、直惟《なおのぶ》に家督を譲るとともに、末男・直《なお》定《さだ》に彦根藩より新田一万石の名目の蔵米《くらまい》を与え、直定を藩主とする「彦根新田藩《しんでんはん》」を立てた。この直定は、のちに本藩を継承し、九代藩主となる。

直該は再び隠居すると、名も元の直興に戻し、悠々自適に日々を楽しみながら過ごすはずだったが、一七一七年（享保二年）四月、短い晩年を終えた。六二歳だった。

またも訪れた井伊家断絶の危機、その裏にあった〝他家の養子探し〟

一八世紀、徳川幕府が誕生して百年以上も経ち、八代将軍・吉宗の時代を迎えると、時代は〝改革の時代〟へと進んで行く。幕府でも、各藩でも、度重なる天災と商業重視の政策が出始め、幕藩体制の根幹である農業にひび割れの状態が発生、農村から人が消える時代になっていた。

こうした世情の中で、幕府も各藩の藩主たちも、些細なことを切り捨て大局的な見地から治世を行うか、領民の細かな悩みを救うために治世を行うか、この二者択一の選択を求められるようになった。彦根藩一二代藩主・井伊直幸《なおひで》（井伊家一〇代当主）もまた例外ではなかった。

直幸は、八代藩主・直惟の三男として一七三一年（享保一六年）に彦根で生まれた。一七五五年（宝暦五年）から一七八九年（寛政元年）までの三五年間、直幸は藩主の座にあったが、藩主が取るべき立場とは、領民のため最も必要なことは何か、真剣に考え尽くす藩主だった。

「何とかして困窮した彦根藩を自分の手で立て直したい」

その想いを強く持った直幸は、藩主になることを誰よりも望んでいた。その大志を秘めた直幸の前で、一七五四年（宝暦四年）に兄・直禔《なおよし》が一〇代藩主に就任後、わずか二カ月で亡くなってしまう。

そこで元服まで満たなかった直幸に代わり、幕命によって叔父の直定が一一代として再び藩主になった。直定は再動の前に、庶子であった直幸を世継ぎに決めたうえで藩主になった。

ただ、そうではあるのだが、一度隠居し、井伊家のために再度、藩主になったせいか、藩主の激務はできるだけ避けたいという気持ちが強かった。そのため、就任早々から他家からの養子を探し始めたのだ。彦根で暮らす直幸は大いに焦ったという。順当にいけば嫡子のない兄・直禔の遺志を継ぐのは自分のはずだとの想いが、直幸に焦りの心を生んだのだ。

また、直幸は幼き日に父・直惟から聞いた遠い時代の話を思い出していた。戦国の時代に、ご先祖様の直虎と龍潭寺の南渓和尚によって、彦根藩祖の直政公が生き延び、徳川家に仕えるようになった話である。ちょうど、二百年前の話だ。直政公は辞世の句として、「祈るぞよ　子の子の末の末までも　護れ近江の国津神々」と遺している。直政公の体験から生まれた心の底からの想いだった。

このように、命がけで井伊家の存続を願い、己の人生をかけて守り続けてきた井伊家であった。直定はなぜ、そのことを忘れ、他家から養子を得るという安易な考えを持つのだと、直幸は憤慨したのだった。

結局、直定の他家からの養子という考えは、「井伊家に他家からの養子を許さず」という幕府の裁定を受けたためか立ち消えとなり、明けて一七五五年（宝暦五年）、直幸は直定の養子になり、藩主となった。幕府のほうが、井伊家とはどのような家なのかをしっかりと理解していると直幸は思ったことだろう。

直幸には夭折した子を除くと、男子が一三名、女子が一五名いた。世継ぎの直富《なおとみ》を大切に育てたが、それだけでなく彦根にいる庶子・男子の教育にも力を注いだ。この背景には、直幸の藩主就任前後の直定の「他家からの養子探し」があった。直幸は、庶子の中にも将来藩主となれる人材を育てておく必要があると痛感していたのだ。

直幸の庶子・男子たちは、彦根城下の広小路《ひろこうじ》屋敷、黒御門前《くろごもんさき》屋敷、松下《まつのした》屋敷、尾末町《おすえまち》屋敷、山崎屋敷などで暮らしていたが、直幸はまず屋敷での質素な生活を課した。と同時に、日々の勉強にも気を配り、彼らに付き従わせた家臣たちに事細かにしつけ方を指示したという。

父・直幸の教育方針のもと、男子の子どもたちは、日課として剣と鑓《やり》、鉄炮《てっぽう》などの武術や馬術に励み、政治思想であった儒学を学び、大名の文化的素養として欠かせない能などの芸能も体得していったのだ。

領民のため藩政改革に乗り出す井伊直幸

紆余曲折を経て藩主となった直幸だったが、厳しく倹約を励行し、領民のために働いた藩主でもあった。

彦根藩では、一七世紀末の元禄時代に、年貢収入の減りが目立つようになり、藩の財政が苦しくなっていた。そのため、一七一五年（正徳五年）に、家臣の知行の半分を藩が召し上げる「半知《はんち》」を実施。一七三〇年（享保一五年）には、藩札《はんさつ》（米札《こめふだ》）を発行するなど、財政立て直し策を行った。

しかし、この財政立て直し策は芳しい成果を上げることができなかった。一七五五年（宝暦五年）、藩主となった直幸は、前藩主の直定、家老の木俣守将《きまたもりまさ》とともに倹約政策に取り掛かる。この時期の直幸の藩政とは、イコール倹約政策だった。

直幸は、己が率先して実施した倹約を長文の「倹約申渡書《もうしわたししょ》」として表し、村々に写させ、村役人から村人に読み聞かせた。直幸は彦根藩の家臣だけではなく、領民全体を巻き込んだ倹約により藩財政の健全化を図ったのだ。

ところが、一七六一年（宝暦一一年）に藩領南部の百姓が蜂起し、彦根城下近くに迫った「積銀騒動《つみぎんそうどう》」が起こり、この財政改革も成功しなかった。

それでも直幸は諦めなかった。その後も、藩内の動向を見定めて、一七八一年（安永一〇年）から一七八二年（天明二年）にかけ、再度、倹約の実施を行った。このときの倹約では、家臣・町・村での倹約を推進する「評定目付役《ひょうじょうめつけやく》」を新設し、家臣の家計を藩が管理する制度を創設した。

ただこの時期、後に触れるが、直幸は七〇年ぶりの大老職就任のための費用や、大名間での交際費など、江戸での出費が増大していた。倹約の成果で生まれたお金は、その増大した費用に回されたのである。

一七八四年（天明四年）の直幸の大老就任は、直興時代の家格を復興させたことになる。譜代大名筆頭の井伊家にとっては極めて重要な就任だったが、その就任を支える彦根藩の台所事情は決して楽ではなかったのだ。


直幸はまた、藩主として領内の隅々までに気を配っていた。奢侈《しゃし》な風潮がはびこり、退廃しつつある城下を戒め、農村の窮乏を救おうと触書で何度も諭している。直幸が取り組んだ治世は、領民の安泰を第一に考える藩主の道だった。

直幸が大老に就いていた時代に、浅間山・岩木山の大噴火が起こり、その結果、火山灰などが原因で冷害・多雨をもたらし、天明の大飢饉となった。

天明の大飢饉は全国で数万人の餓死者を出した未曾有の飢饉で、この飢饉によって米価は高騰、地方では百姓一揆が頻発し、江戸・大坂では米屋をねらった打ち壊しが数多く見られた。その被害は数年間に及び、その犠牲者は三〇万人以上とも言われた。

しかし、天明の大飢饉に際して、彦根藩では一人の餓孚者も出さなかったと言われている。この時期、大老として江戸にいた直幸の果敢の判断で、領内各所に施粥場《せしゅくば》が設けられ、藩の倉から領民に米が与えられたのである。直幸は彦根を離れても、領民への想いは少しも変わらなかった。藩内では餓孚者を出さなかったのは、直幸は領民の安泰を第一に考える結果だったのである。

さて、直幸が幕府から推挙で直興以来、七〇年ぶりの大老となったのは、一七八四年(天明四年)、五三歳のときだった。この時期は、俗に言われる「田沼時代」である。老中・田沼意次《おきつぐ》が幕政の中心になり、商業資本を活用して、幕府財政の打開を試みた時代だった。

こんな陰口が、当時、巷で言われていた。「大老就任は、直幸が田沼に賄賂を積んで得たものだ」と。その真偽はわからないが、農業より商業の発展を重んじた田沼に対して、直幸は農業こそ治世の根幹であると常々諭していた。

幕閣からも、その改革に対し強い非難が数多く寄せられた田沼からすると、譜代大名筆頭で、大老の直幸の考え方はその非難を和らげる効果があったと思われる。

直幸にはこんなエピソードがある。直幸が大老の役のため江戸常駐の間、彦根藩で実質的に執政したのは、嫡子・直富だった。ある冬の時期に、彦根藩市中で大火があり、終夜鎮火せず、大きな被害を出した。

直富は独断で、藩庫を開き、罹災者に米金を与えたところ、それが莫大な量になってしまう。家臣が、「藩財政が厳しくなっています。これは、藩主・直幸様に許可をとってから開くべきだったのではありませんか」と進言したところ、温厚な直富は激怒して言い放ったという。

「江戸にいる父上に許可を取っている間に、被害者が増えることくらいわからないのか。そんなことになったほうが父上もお怒りになるはずだ。領民を救うことが先決と言われるに決まっている」

藩主・直幸の治世の意思は、この言葉から伝わってくる。先頭に立つリーダーの気概とは、直幸・直富親子の姿にあるだろう。家臣の多くが、直富がゆくゆくは名君になるだろうと思っていたが、藩主に就く前に若くしてこの世を去った。

直幸が目指した治世とは、領民の細かな想いまで聞き届け、大局も見誤らない姿だった。直幸が残した古文書に、「仁憐」という言葉が繰り返し登場する。まさに、須く領民のための藩政を貫こうとしたのだった。

一七八七年（天明七年）、直幸は大老職を辞すが、幕府からの特命でしばらくの間、政務に参決した。一七八九年（寛政元年）に病を患い、江戸・井伊家上屋敷にて五九歳の生涯を終えた。

その後、少しずつ混迷の度合いを深めていく徳川幕府である。幕末の怒濤への序曲がかすかに聞こえそうだったが、それはあくまで耳を澄ませば、の程度だった。怒濤まではまだまだ時間があったと言える時代であった。

激動の夜明け前を生きた井伊直中、己が人生を振り返る

一八一二年（文化九年）、一三代藩主・直中は、息子の直亮《なおあき》に藩主の座を譲って隠居し、一八三一年（天保二年）に彦根城にて六二歳で死去することになる。

その彦根城は二代藩主・直孝によって築城されてから二百年が経っていた。さまざま

な箇所を日々修繕しつつ、彦根城を維持してきたが、しかしそれにしてもくたびれが目立つ城になっていた。

「結局、私には、大老職の話は来なかった。二三年の私の治世。私は決して父のような名君ではなかった」と、隠居して趣味三昧の暮らしを続けてきた直中はある夜、ふと己の人生を振り返った。「人生を振り返る歳になったのだ」と、そんな想いにとらわれた直中は心の中で思わずニヤリとしたのかもしれない。

直中が藩主の時代、鎖国していた日本に、ロシアやイギリスといった列強の異国船が通商を求めて、日本に開国をせまる事件が頻発した。これは、譜代大名筆頭の井伊家にとっても無関心ではいられぬ事態だった。

「この異国船問題のときに、大老職の就任があるのでは、と思ったが……」と小声で独り言を吐いた直中は、「しかし、意見を求められても、私に語る意見などあったかどうか」という当時の気持ちを思い出した。そして、思わずニヤリとしたのである。直中は、とっさに藩内にしっかりとした教育機関をつくらねばとその時、思った。そのとっさの想いから生まれたのが、「稽古館」だった。一七九九年（寛政一一年）に建てられた彦根の藩校である。

江戸時代も後期に入ると、藩士の文武奨励のために、藩校設立の機運が高まり、各地で藩校が建設された。

稽古館では、算術や天文学などの学問から砲術などの訓練まで、藩士教育が行われていた。彦根藩士の高い学力の支えにより、当時一流の教育機関だった。諸藩から数多くの視察が訪れたと言われている。次の藩主・直亮の時代に「弘道館」と名を変え、城郭の中に立てられた建物の一部が、現在も金亀《こんき》会館として残されている。

「しかし、あのまま兄上（直富）が生きていたら、間違いなく兄上は父以上の名君になっていた。私など、足元にもおよばぬ兄だった」と回想する直中だった。

先の小見出しでも触れたが、父・直幸が大老としての任に就き、彦根藩の執政は直中の兄・直富が取り仕切っていた。直幸は厳しい顔つきで領民のことを思いやっていたが、直富は穏やかな表情で領民のことを思いやる人間だった。そのため、直富から意見を求められると、家臣たちは喜んで己の意見を申し上げた。誰もが次期藩主に相応しい器と期待した。

しかし、彦根在国中に病に倒れ、二五歳の若さで早逝した。一七八七年（天明七年）のことである。その結果、直中が嗣子となり、一七八九年（寛政元年）、直中は亡くなった父・直幸の跡を継いで藩主になったのだ。

直中は、一七六六年（明和三年）に江戸で生まれた。直幸の七男で、幼名を庭五郎といった。直幸によって築かれた井伊家の子弟教育の体制によって、広小路屋敷で育てられた直中は文武両道に長けた藩主となり、特に鉄砲に関しては「一貫流」という己の流派を興すまでになっていた。

さらに、井伊家の子弟教育の体制によって、直幸の孫の代（直中の子の代）には、長い部屋住み生活の後に藩主となり、幕閣政治で活躍することになる井伊直弼のような人物も生むことになる。

一七八九年（寛政元年）、まさに藩主になった頃を、直中は思い出す。「あの頃は、一〇代将軍・家治様の時代が終わり、老中の田沼様が失脚した。そして、一一代将軍・家斉様の時代が始まり、老中・松平定信様の改革が始まった」

とにかく、あわただしく、気遣いをせねばならぬ時代だったと思い返す。老中・田沼意次の時代に大老職に就任した井伊家であったため、老中・松平定信は何かにつけてそのことを気にしていた。そのため、直中は定信には特に細心の気遣いをしたのだ。

定信はそもそも八代将軍・吉宗の孫にあたり、享保の改革を範にした「寛政の改革」を始めた。それまでの田沼意次が推し進めた重商主義的な政治を改め、徹底した倹約が勧められたのだ。

しかし、その意次もまた、吉宗の享保の改革から多くを学び、この改革の足りぬ点を補うと幕府の財政問題は解決すると考えて、重商主義の育成に注力したのである。意次は小姓時代に、吉宗にことさら目をかけられ、薫陶されたのだ。

さて、直中は、定信の寛政の改革にならい藩内を厳しく引き締めていく。家臣たちには徹底した倹約を勧めた。しかし、その一方で領民には父・直幸の遺金として金を与えた。また、町会所を設けて消防の制度を強化して、彦根城下、領内の安寧を保とうとした。新田開発を進めるなど藩の力を回復させることも積極的に行った。これらが、直中の治世の第一歩だった。

「直興様の真似事も一つだけした」、そのことは苦い想い出だった。天寧寺《てんねいじ》の建立である。

「あの腰元《こしもと》には誠にすまぬことをしたといまでも想う」と、直中は静かに頭を垂れた。主君に仕えて身のまわりの世話をする腰元が、不義の子を身ごもったというので、直中はその腰元を罰したのだ。後になり、その相手が己の子と知り、直中はひどく打ちひしがれ、腰元と孫の菩提を弔うためにこの寺を建立したのである。

天寧寺では、彦根五百羅漢《ごひゃくらかん》が有名である。曹洞宗の寺であるが、五百羅漢とは一体ごとに違った表情をし、「亡き親、子ども、いとしい人に会いたくば、五百羅漢にこもれ」と言われたとされる。直中が建立したときの想いが伝説となり、彦根ではいまもまだ語り継がれているという。

ほかにも、直中は佐和山に石田三成を慰霊するための碑を建てている。三成への遺恨も消えるほど、時は過ぎたのである。

直中はいま、「かくもなぜ、松平定信様はこんなにも早く失脚したのか」を想い起こしている。吉宗公の改革ほど成果がないままに、定信は失脚で終わっている。知らず知らずのうちに、商人たちがいなくては、武士も町人も農民も暮らしが立ち行かない時代になっていたのだ。

「次の時代というものがあるならば、この商人たちが担うのか」、世の中をしっかりと見つめる人間ならば、藩主も、その家臣たちも一度は戯れに思ってみる時代になった。

世の中が緩やかに、しかし確実に動き始めたいまを、直中は痛感していた。現在の平穏は、「世の中が激しさを増す、ほんの少し手前にいるだけではないか」と想い始めていた。やがて、直中の息子たちは、直中の心の奥底に生まれた小さな予感が激流となって表れた時代に巻き込まれていくこととなる。

column

直政の遺言・直孝の遺言

「徳川家のおかげで井伊家がある。家督を継ぐものは徳川家に滅私奉公せよ」

直政の死に際して直孝への遺言である。一六〇二年（慶長七年）二月一日のことだ。その後、直孝は直政の志を引き継ぎ、秀忠・家光・家《いえ》綱《つな》に仕えた。彦根藩二代藩主・直孝については第4章でも触れているが、一六五九年（万治二年）、六九歳で死去するまで幕政と藩政を見続けた名君である。

筆頭家臣の直孝は、徳川将軍家の儀礼の場でも重責を担った。将軍家光の嫡子・家綱の宮参りの際、家綱一行はその帰途に井伊家屋敷へ立ち寄る。

また、家綱の元服式では直孝が加冠《かかん》役を務め、初召《はつめし》用の具足を献上。家康の遠忌法会《おんきほうえ》ごとに、日光へ将軍の名代《みょうだい》として務める。朝鮮通信使など外交使節を江戸城に迎える際、幕閣筆頭として使節に応接し儀式に臨んでいる。直孝は将軍権威を内外に示す儀礼の場でも休む間もなく忙しかった。

さて、話は変わる。この時代、主君が死ぬと家来があとを追う「殉死」という風習があった。戦いに負けると主君とともに家来も死んだ戦国の遺風である。

直孝は己の死に際し、「平和な時代にふさわしくない」と考え、殉死の禁止を家臣にきつく言い渡している。殉死の禁止は、直孝の死後、幕府のきまりに取り入れられた。

第5章

幕末、主家を想い、日本を想う。そして、死を恐れない

――勇気をもって守るべきを守る

井伊直亮が大老職在任中に感じた不穏な空気

一八三五年（天保六年）、一四代藩主であった井伊直亮は、幕府より大老職の就任を命じられる。ロシア、イギリスなどの異国船が頻繁に日本近海に現れるような時代になっていた。

一八〇八年（文化五年）のフェートン号事件では、身勝手な行為を許してしまう。この事件は、イギリス軍艦のフェートン号がオランダ国旗を掲げて長崎に侵入し、オランダ商館員を捕らえ、薪水・食糧などを得て退去したという傍若な振る舞いが行われた事件だった。

その後も、異国船の出現は数多く、幕府は外国を脅威と考え、一八二五年（文政八年）に「異国船打ち払い令」を出す。まさに内憂外患の情勢の中で、大老に就任したのだ。

直亮が大老になって一年半後の、一八三七年（天保八年）、後に「モリソン号事件」と言われる大きな事件が起こった。

アメリカの商船モリソン号が浦賀に来航。日本人漂流民を乗せていたので、漂流民を渡そうとしたが、異国船打ち払い令により、時の浦賀奉行が砲撃を加えて追い返した。その後、モリソン号は薩摩藩にも立ち寄ろうとするが、ここでも砲火を受けて、日本人漂流民を乗せたまま去っていってしまった。

モリソン号事件については、日本人漂流民を渡そうという行為を、何の交渉もなく、砲撃にうって出た幕府の不見識を国民は批判した。また、この事件が列強を呼び寄せる口実となり、政治不信がよりいっそう強くなっていった。

大老の直亮はこの問題について、どこまで関与していたかは判然としない。だが、直亮の耳にも届いていたはずである。幕府内部ではこの頃、外国との通商を認める開国派と欧米を疎ましく思う攘夷派のそれぞれの考えが次第に対立するようになっていた。

大老の直亮の姿勢は意外だが、外国の文化を積極的に取り入れようとした。一八四一年（天保一二年）に、大老職を辞して後任を老中・水野忠邦に託した。「世界の中で日本のおかれている状況を鑑みるに、余りに出遅れている。それは数百年間も列島の中に閉じこもってきた無知からくるものだ。まずは、先進の知識を知ることから始めなければ」

というのが、大老の職に就いていた直亮の感想だった。

彦根藩に戻った直亮は、自分の信念にもとづき、外国文化を藩政に取り入れようとしたのである。この点は後で触れたい。


先ほど、「内憂外患」という言葉を使って、この時代の「外患」について触れたが、直亮が藩主となり、大老になった時代は「内憂」についても数多くの問題を抱えていた。

この時代、江戸を中心とした文化が花開いた化政時代に当たる。武士以上に多くの町人たちが学問や芸術・娯楽に熱狂し、それらの分野が発展する基になった。

とは言え、それはあくまで一部の限られた武士、上層の町人たちにとっての文化でしかなかった。地方に目を向ければ、繰り返す飢饉に打つ手を持たない幕閣と藩主。しかも、安定しない政情の中で、高利貸しを狙った打ちこわしや伊勢神宮へのお蔭参りが流行するなど、不穏な空気は次第に色濃くなっていたのである。


西洋文化を摂取せねばという強い意志をもって、直亮は彦根藩に戻った。さっそく洋書を購入させ、蘭学者の登用を推奨した。この直亮の姿勢は、保守的な家臣たちには受け入れられなかった。しかし、直亮はこうした家臣を無視までして、己の考えを実行することにまい進したという。

幕府の様子を知る直亮には、躊躇している時間はないのだという切迫した気持ちがあった。直亮は言葉よりもまずは態度で示す藩主だったのだ。

切迫した気持ちとは別に、直亮はたしかに西洋趣味もあったのかもしれないが、日本が遅れてきた科学分野に強く興味を持っていたのは事実である。藩内の発明家がつくった反射望遠鏡を喜んだり、楽器の蒐集に熱心だったとか、さまざまな逸話が残っているが、直亮の目指したのはこの国の行く末を考えての行動だったと言えるだろう。

西洋式軍隊の練成にいち早く取り組む

この直亮の姿を一番よく理解していたのが、埋木舎《うもれぎのや》で、一日一日の身の処し方に己の命をかけて闘っていた井伊直弼だった。直亮のこの考え方と姿勢は、いずれ直弼のものとなるが、そのことをまだ直弼は知らなかった。

直弼は一八一五年（文化一二年）生まれだが、異母の兄・直亮はその二一歳上で、一七九四年（寛政六年）に井伊直中の三男として江戸で生まれる。嫡男の兄・直清が病弱で世子のうちに死去したため、一八一二年（文化九年）直亮一八歳のときに、父・直中から譲り受け藩主となったのだ。

さて、一八四七年（弘化四年）、彦根藩は川越藩とともに、幕府から相模国《さがみのくに》海岸警衛《けいえい》を命じられる。同時に、会津藩と忍藩《おしはん》には安房《あわ》・上総《かずさ》両国沿岸の警衛が命じられている。

これは外国船の江戸湾侵入を防ぐための重要な任務だったが、京都守護を家の役割と考えていた彦根藩からすれば、家格不相応の役割と捉えられ、不満を抑えての警備となった。彦根藩ではこの時期、軍制を改編し、緊急の軍事出動に対応するための小手分組《こてわけぐみ》を新たに編成しているが、これも京都守護を前提としたものだった。

彦根藩が相模国海岸警衛を命じられた一八四七年（弘化四年）のしばらく前に、清王朝がイギリスに大敗したアヘン戦争が起きていた。いよいよ日本へも列強が押し寄せるだろうと考えた幕閣は、この脅威に耐え切れず「異国船打ち払い令」を撤廃。薪水給与を認めることにしたが、そうなると今度は開国通商を求める外国船がますます増えるようになってしまった。

彦根藩が警備を命じられた相模湾は、将軍の最も近くで外国船が現れる近海だった。そこで三浦半島沿岸各地に陣屋と大砲の台場を置き、二〇〇〇～三〇〇〇人を配備した。ところが、軍備不十分、藩士の士気の低迷など、世間に悪評が沸き起こってしまう。幕府の軍事力の中核である「武門の家・彦根藩」には、大きな期待があったため、レベルの低い警衛に批判が集中したのだ。

名誉回復を目指した彦根藩は西洋砲術の技術者を藩士とし、台場に西洋砲を設置した。直亮は学んだ西洋知識を元に、西洋式軍隊の練成に努め、列強の急な開国要求に対応しようと、警衛体制を強化していったのだ。この軍備増強により、慢性的な財政難にあった彦根藩はさらなる財政難に陥ることとなる。

他藩はこの時代、攘夷思想が生まれていた。しかし、彦根藩はそれに当てはまらない。それは、直亮が欧米列強との通商については慎重だったが、西洋知識を積極的に採り入れ、その優れた点を一部の家臣たちも理解していたからである。

変化の潮流に国中が巻き込まれていくようになると、軍備増強と財政難は彦根藩だけの問題ではなくなった。さらに、軍備と外交という問題を、幕府や藩といった枠組みで考えることに限界が見え始めていた。日本は少しずつ一つにまとまり始めるようになってくる。

一八五〇年（嘉永三年）に、直亮は彦根にて没した。享年五七歳。「日本」という国が二百年間の鎖国を破り、世界の中でどう立ち回っていくか、時代はその決断に迫られていた。

それから、わずか、三年後。一八五三年（嘉永六年）、アメリカ合衆国海軍マシュー・C・ペリーがアメリカ東インド艦隊の軍艦四隻を率いて浦賀に来航する。幕末の始まりである。時代は、ある人物の登場を待っていた。

井伊直弼、一七歳からの一五年間を埋木舎で心鍛える

「井伊家先祖を敬う気持ちが歴代藩主の中でも特別強かったこと」、この想いが直亮と直弼の二人に共通している。

直亮には、「南渓和尚の昔をおもひて」という詞書《ことば》きがあり、「君なくば栄へんものかすぎし世のにほひも深き橘のはな」と詠んだ歌が残されている。南渓和尚がいなければ、いまの井伊家の繁栄はないと感謝する歌だった。「南渓和尚」の言葉には、「直虎」もまた含まれていたに違いない。

また、直弼は一八五一年（嘉永四年）に井伊谷・龍潭寺へ墓参に来ていた。そして、先祖のために灯籠などを寄進している。直弼は龍潭寺以外にも井伊家の歴史を調査し、ゆかりの史跡の修繕に努めたのである。龍潭寺の本堂には、直弼がしばし休憩した部屋が残っていた。

井伊家代々の藩主たちは、南渓和尚と直虎、そして直政のことを代々語り伝えてきたのである。彼らの想いに立ち返り、己の切所での身の処し方を考えていたのかもしれない。

第5章、ここからは「井伊直弼」である。彦根市出身の私としては、直弼への想いは余人には替えがたい特別なものがある。一九八〇年～九〇年代に活躍した学者に、高坂正堯先生がいらっしゃった。京都大学の教授の方で、私は非常に信頼していた。

高坂先生と私はよく、「西郷隆盛や大久保利通、高杉晋作など幕末の志士たちはインチキだった。つまり尊王攘夷派の志士たちは基本的にインチキなのだ」という話をした。なぜ彼らはインチキなのか。それは、尊王攘夷と叫んでも、討幕後は富国強兵の名のもとに開国し、西洋知識、技術を積極的に学んだからである。

直弼はもともと開国派で、そして開国を最後まで守った。桜田門外で暗殺されたが、開国を守り通した。その意識構造は典型的な保守だろう。私はこの貫く姿勢に南渓和尚と直虎、そして直政の姿も見える。その貫く姿勢がいま、私たち日本人に勇気を与えると感じている。

井伊直弼だが、一三代藩主・井伊直中の一四男に生まれた。将来、藩主になるには絶望的な一四男だった。一八一五年（文化一二年）、彦根城内にある、藩主の家族が生活する下屋敷の一つ、槻御殿《けやきごてん》で生まれた。母は江戸の町方出身のお富《とみ》の方。直弼は母と早くに死別したという。

隠居し悠々自適に過ごした直中の側近くで、一七歳まで槻御殿で過ごした。一四男とはいえ、一七歳まで直中と過ごしたことが、直弼には幸運だった。人間を鍛える礎を直中から学んだからである。

しかし、父の死後は槻御殿から追い出され、一八三一年（天保二年）に直弼は、弟の直恭《なおやす》とともに庶子屋敷の一つ、尾末町屋敷に移り住んだ。この屋敷は、槻御殿とは様子が異なり、中級藩士の住居とほぼ同格と言える。父の跡はすでに兄・直亮が継いでおり、家督は兄の子が継ぐのが本筋である。直弼が藩主となる可能性は、ほぼ途絶えていた。

直弼には、藩から年間三百俵の扶持を与えられ、付役や賄役などの藩士身分の役人が付けられた。三百石から千石の上級藩士に相当する生活を保証されたが、庶子であるが城内から勝手に出ていけない身分で、いわば無駄飯食いとみなされていたのだ。

直弼二〇歳の時、他大名への養子候補として弟・直恭とともに江戸に出向く。初めての江戸だったが、弟だけが養子縁組が整い、直弼は失意の中、一人彦根に戻ることとなった。このとき、「埋もれ木のような我が身であるが、世間の雑事とは離れ、深く風流の道に生きよう」と、自分が暮らす屋敷を「埋木舍」と名付けたという。

こうして、一七歳から三二歳までの一五年間を直弼は埋木舍で過ごす。建物の内部には、直弼が手を加えた茶室があり、その場から直弼の人柄がにじみ出ている。

直弼は埋木舍でよく学んだ。国学、和歌、茶の湯、居合などの諸芸に打ち込んだ。柳の木のしなやかさと強さを愛し、自らの雅号を「柳王舎《やぎわのや》」と定め、日々、埋木舎の軒先の柳を眺めては心を鍛えた。直弼は大名の庶子という凡庸な人物ではなく、当時としては高い教養を持った一流の文化人となるのだった。

国学の師は本居宣長の門弟で、同じ門下というつながりからか、後に直弼の腹心になる長野主膳《ながのしゅぜん》とも知り合った。一八四一年（天保一二年）七月の日付で、直弼が書いた主膳宛の書簡が残っている。このとき直弼、主膳ともに二七歳だった。

三〇歳に近づこうとする直弼は、表舞台に立ちたいという気持ちから離れ、そのことに悩むことからも離れ、己への克己からか、表には立つことがなくとも、自分のできることを成し遂げるという前を見て生き抜く気持ちになっていた。

むつとして　もどれば庭に　柳かな

俳人・大島蓼太《りょうた》の句で、直弼が大変好きだった俳人の、直弼が愛した俳句と言われている。

一八四六年（弘化三年）、一五年間親しんだ埋木舎に別れを告げ、直弼は江戸に向かう。

大きな転換点が生まれた。直弼の兄・直元《なおもと》が死去したため、直弼が世継ぎに就くことになったのだ。

藩主就任前から名君だった直弼の手腕

兄・直亮の養子になり、直弼は正式に彦根三五万石の世継ぎとなった。と同時に、従四位下・侍従・玄蕃頭《げんばのかみ》に叙位・任官された。直弼三二歳、冬の出来事だった。

彦根藩の世継ぎは、参勤交代せずに江戸に定住すると決められていた。彦根の地から江戸に移っての急激な暮らしの変化に戸惑いつつも、誇らしげな気持ちであっただろう。一五年間暮らした埋木舎での己の鍛錬の儚さを思い知る直弼だった。

埋木舎を出て、江戸の外桜田にある彦根藩上屋敷に移った直弼は、一四代藩主・直亮が彦根に帰国し、江戸にいない場合は、藩主の代わりに江戸城溜間《とどめのま》に出仕することになっていた。藩主に代わって幕政に参画することが、直弼の任務になったのだ。

直弼はこの溜間勤務時期に、内外の情勢について見識を深めていく。そして、世継ぎになり四年後、一八五〇年（嘉永三年）に一五代藩主に就任した。

まず、藩主になった直弼がすべきことは、京都守護の地位を回復することだった。彦根藩は代々、京都守護を任せられた家柄である。加えて、西国三六カ国の抑えという地位にもあり、本来なら、国防の最前線に立つことはなかった。そのために、相州警衛における悪評を拭い去り、その体制強化に乗り出したのだ。その役目の現場責任者は江戸にいた直弼である。

傷つけられた「武門の家」の名誉回復が、直弼の最優先課題だったと言える。


一八五三年（嘉永六年）六月、アメリカ合衆国のペリー艦隊が浦賀に来航。「長崎へ回航せよ」との幕府の申し出を無視して江戸湾に侵入した。警備の彦根藩士が見守る中、艦隊は湾内を自由に巡航し、時折、号砲を轟かせた。

幕府への第一報を伝えたのは彦根藩の相州警衛であり、ペリーの久里浜上陸の際にも警固に当たった。相州警衛は新しい状況に次々に対応した。幕府の使者が取り次ぎ、ペリーはフィルモア大統領の親書を手渡すと、翌年再訪することを告げ、湾内の測量をしてから去っていったのだ。

アメリカ艦隊の蒸気船の大きさに、そして強い力と進んだ技術に、大きな衝撃を日本中が感じていた。黒船の来航は、幕府のみならず、日本中が太平の眠りから覚める恐怖となった。

一方、直弼は領内の統治にも尽力した。藩主となり、一八五一年（嘉永四年）六月にはじめて彦根に帰国した直弼は、前藩主・直亮が残したお金を家臣、領民に分け与え、新しい治世の始まりを印象づけた。その額は、彦根藩の収入一年分という大きな額だったというから驚きだ。直弼は躊躇なく配分し、そのうえで領内統治に力を注いだのだ。

まずは村方支配の仕組みの改編を行った。村の訴訟を実質的に差配する役人の不公正を排除して、村には公正な訴訟・裁判制度を保障するという改革だった。また、九月には、直弼自身による領内巡見《じゅんけん》を行っている。従来の藩主の巡見とは異なり、直弼の巡見は藩領の隅々までに及んだという。

再び江戸に戻ってきた直弼を待っていたのは、焦燥感と疑心で暗雲の立ち込める江戸城と直弼への期待である。ペリー来航は諸藩や江戸城だけで片付けられない問題として日本中に波紋を広げた。開国か攘夷か、徳川幕府は究極の二択を迫られていたのだ。

加えて彦根藩に問われた責任も大きかった。いまや溜間詰大名の筆頭である直弼は、一八五四年（安政元年）、再び来航したペリーと日米和親条約の締結を「やむ無し」とした。下田（静岡県）と箱館（北海道）を開港し、ここに鎖国体制は崩壊した。彦根藩は、警護地区を江戸湾近海に変更された。

同年七月に、彦根藩は念願の京都守護に命じられた。その背景だが、黒船はこの頃になると、江戸湾近郊に出現とは限らなくなっていた。京都に近い紀伊水道や大阪湾にも頻繁に現れていた。事の重大さを鑑みた朝廷は、天皇による彦根遷幸《せんこう》を真面目に検討した。そこで、彦根藩の海岸警備の任を解き、京都守護職に戻したのである。

同年一一月には直弼自らが京都の巡視に赴き、また伊勢神宮・春日大社などに攘夷祈願《じょういきがん》を行った。幕府と西洋列強諸国との和親条約が締結されていくなかで、天皇のいる京都を外国から守護するために祈願したのである。

重要な場所を、朝廷は地の利に通じた彦根藩に託した。伝統の家格を回復するという直弼の悲願が叶った瞬間だった。しかし、彦根藩が京都守護の任についた直後に、京都御所が炎上。直弼は江戸城で幕政に参加しながらも、新たに禁裏御守護隊を結成して御所や公家の不安を除くことに奔走することとなった。

二つの難問に対する直弼の判断は明快

欧米列強は繰り返し、繰り返し、不平等な通商条約の締結を日本に催促した。その催促に対して、徳川幕府は二五〇年もの間、鎖国政策を通してきたため、そう簡単には開国政策に舵を切ることはできなかった。

まさに外からの脅威と内からの不満を抱えた徳川幕府は文字通りの内憂外患で、第三者の目から見ると、自身の処理能力の限界を超えた状態だった。

一八五六年（安政三年）、先の和親条約で開港した下田のアメリカ領事館に、タウンゼント・ハリスが赴任した。この山っ気のある外交官は、幕末の政治史を意識的に、時には無意識的に翻弄させることになった。

ハリスはさっそく通商条約締結を目的とした江戸出府を強く希望してくる。江戸城への登城を外国人が行う。幕閣には想像もできなかった事態に、ただただもっともらしい理由をつけて、先延ばしをするしかなかった。

この頃、徳川幕府内は、徳川御三家の一つである水戸藩前藩主・徳川斉昭《なりあき》らの尊王攘夷派と、幕閣の最高責任者である老中・堀田正睦《ほったまさよし》らの開国派の対立が次第に深刻さを深めていた。埋木舎時代の頃から世情を学ぶことを欠かさなかった直弼は、彦根藩主として溜間詰になったいまもそれは変わらずで、『オランダ風説書』などから諸国の情勢を学んでいた。

直弼の考えはもはや決していた。悩むことなど一切ない。アメリカの開国要求に対し、直弼の本来の気持ちは鎖国政策の継続であった。しかし、現在、日本が置かれた情勢、日本を含む東アジアの情勢から考えると、鎖国政策の断固継続は現実味が薄い。

そこで、日本が鎖国政策を維持するためには、まずは開国し、外国と交易を行い、欧米列強と対等に渡り合えるだけの軍事力、工業力を持たなくてはならないという結論にたどり着いていた。

この直弼の考えは、ペリー来航を受けて幕府に提出した「別段存寄書《べつだんぞんじよりがき》」に記されている。当時、ほとんどの大名が感情論で鎖国政策の維持を主張するなかで、直弼は非常に冷静で、現実的な思考により、論を展開していたことがわかるだろう。

水戸藩前藩主・徳川斉昭らの尊王攘夷派と、老中・堀田正睦らの開国派の対立は、そのまま江戸城内を二分した。そこへ来ての、ハリスの江戸出府要請である。

その要請にはっきりと答えを出さない幕府に対して、ハリスは日に日に不満を募らせた進言をしてくるようになった。このままだと、武力行使に打って出る可能性も出てきた。現在の幕府の武力では、欧米の最新式火力にはまったく太刀打ちできない。それは、先の黒船騒動で歴然だった。

まさに、通商条約の締結問題は、困難な状況に直面した。前年の一八五七年（安政四年）末、通商条約締結を求めるハリスと外交交渉を続けていた老中・堀田正睦ら幕閣は、条約締結の方針を決定した。一八五八年（安政五年）二月には、徳川斉昭ら幕府内の条約反対派で、かつ尊皇攘夷派を押さえ込むために、孝明《こうめい》天皇から条約調印の勅許《ちょっきょ》を得るため、堀田は自ら上洛したのだ。

ところが、孝明天皇は勅許を保留し、「御三家を含めた衆議を行い、再度伺うように」との勅書を出したのだ。徳川幕府の創設以来、幕府の意向に沿わない勅許が出たのは、初めてのことだった。勅許を得られなかった堀田は、江戸に戻るよりほかなかった。

時を同じくして、将軍継嗣《けいし》問題が起こった。一三代将軍の徳川家定には嫡子がなく、その跡継ぎを巡って、御三家の一つである紀伊・和歌山藩主・徳川慶福《よしとみ》を擁立した南紀派と、御三卿の一人で聡明な一橋慶喜《よしのぶ》を擁する一橋派の対立である。

南紀派は、従来より幕政を主導してきた譜代大名が中心で、直弼もまた南紀派の有力者だった。

一方、一橋派にいたのは、水戸藩前藩主・徳川斉昭、徳川一門の越前藩主・松平慶永、外様の薩摩藩主・島津斉彬らであった。斉昭の男子である一橋慶喜を何としても次期将軍にしようと、激しい政治運動を展開し、朝廷にまで働きかけていた。

つまり、南紀派には開国派に属する幕閣が多く、一橋派には尊皇攘夷派に属する親藩・一門、そして雄藩が多かったのだ。

溜間詰大名筆頭である直弼の一言、一言は、次第に重大な責任を持つようになっていた。老中の堀田は江戸に戻ると、一橋派の松平慶永を大老に就かせて、難局を乗り切るよう将軍徳川家定に進言した。

しかし、家定は「家柄と申し、人物と申し、大老は掃部頭《かもんのかみ》(直弼)しかいない」と言い、直弼の大老就任が突然決定したのである。政治家としての資質が低いと評される将軍・家定だが、幕政は将軍の家臣である譜代大名・幕臣が担うという根本原理を正しく理解し、老中・堀田の提案を退けたのだ。
こうして、直弼の大老就任は、堀田が勅許を得られず江戸に戻った三日後に決した。

勅許を待たず、日米修好通商条約に調印

一八五八年（安政五年）四月、井伊直弼は史上一二人目の大老に就任した。直弼四四歳の春のことである。埋木舎で自身の存在価値の不確かさに対して懸命に闘っていた人物が、将軍に次ぐ国政の頂点まで上り詰めてしまった。

大老に就任後の直弼は毎日、登城し、老中たちの話し合いに加わった。直弼はいかなるときも自分の意見をはっきりと語った。その意見はその場凌ぎのものではなく、常に前向きな姿勢から生まれた意見だった。その雄弁な発言に、まわりの老中たちは激しく驚いたと当時の文書に記録されている。

大老・直弼がまず取り組んだのは、懸案の日米修好通商条約の問題である。直弼が当初描いたストーリーは、孝明天皇の意向に従い、大名の意見を一致させたうえで、再度、

天皇に伺い、条約調印の勅許を得るというものだった。

しかし、国中で一枚岩になったうえで調印に臨むという直弼の目算は、実現することはなかった。このストーリーを実現させるには、あまりに時間がなさ過ぎた。

何度も条約調印延期を伝え聞いているアメリカ領事のハリスが、痺れを切らすのは時間の問題だと思われた。アメリカのみならず、フランス、イギリス、ロシアなどの欧米列強が江戸湾内で武力をちらつかせるようになり、このままでは、日本が第二のアヘン戦争の舞台になりかねない状況だった。

ところが、孝明天皇を始めとする朝廷は、直弼の大老就任以来、開国を勧める南紀派が勢いづき、尊皇攘夷をうたう一橋派を排斥し始めたのをよくは見ていないと察していた。そのため、南紀派の大老から挙げられた通商条約の調印を認める勅許が下るはずもないと、直弼は最初から考えていた。

だがそれでも、国の今後を想えば、「何としても勅許を下してほしい」、その一心から可能性の低いことだとわかってはいたが、直弼は勅許を願い出たのである。

一方、朝廷は朝廷で、この勅許には困惑した。一八五八年（安政五年）、幕府から突然、日米修好通商条約の天皇勅許を求められたとき、朝廷は前例のない課題の重さに当惑し、かつ迷惑に思ったらしい。

四年前の日米和親条約の際には、幕府は天皇勅許どころか、京都朝廷に話もなかった。外国船の水や食料や燃料を提供する条約と、外交・通商をひらく条約とは性質は異なるが、しかし突如として天皇の勅許を求めてきた幕府の思惑は、この条約の責任を天皇にかぶせようとしたと、朝廷側は思っていたのである。

朝廷側の基本姿勢は、「承認せず」だった。この神州清潔の土地に、野蛮な夷狄《いてき》者の不浄の足を踏み入れさせるわけにはいかない。

夷人らは通商の名で拠点をつくり、その拠点に兵力を集結させて、あとは口実をつくって武力侵略を開始するのが常道であると、朝廷側にもそうした知識はあった。清国のアヘン戦争のことは知っており、だからこそ日米通商条約の勅許は出せないというのが、京都公卿団の圧倒的多数の意見だった。

しかし、条約不承認の決定を幕府に下すことは、ただ窮地に追い込むだけだということもわきまえていた。不承認の決定を下すことは、欧米列強に武力攻撃の口実を与えることにもなる。

そこで結局、朝廷はこの問題に決定を下さず、「諸大名に条約に対する意見を聞くように」という差し戻し判決のような勅答を幕府に下した。直弼の願いむなしく、やはり危惧していた通り勅許は下りなかったのだ。

さて、また江戸城内に戻るが、刻一刻と決断を迫られる中、直弼は悩みに悩んだ。調印をしなければならないことは自明の理である。しかし、勅許を待たずに調印した場合の、その後、困難な事態を引き起こすこともまた、自明の理であった。

いずれも自明の理である選択に、江戸城内の、特に南紀派が、「無断調印を決行すべし」と盛り上がる中、直弼は最後まで勅許が下りるのを待っていた。

しかし、一八五八年（安政五年）六月、中国では、清とイギリス・フランス軍との戦争、アロー戦争が休戦状態となった。アメリカの総領事ハリスは軍艦で神奈川沖までやってきて、この休戦で英仏軍の軍艦がまもなく日本へ押し寄せると勧告し、即時の条約締結を迫ったのだ。

同年六月一八日、江戸城内は幕閣が集まり話し合われた。幕閣の多数が即刻調印を訴えた。しかし直弼は、天皇への説明を優先するよう主張し、天皇へ説明するまで調印を引き延ばすことで方針が決定した。

ハリスと交渉を進めていた外交官の岩瀬忠震《ただなり》・井上清直は、「万一の際は調印してもよいか」と尋ねると、直弼は「致し方ない」と回答した。直弼は違勅の誹りを覚悟のうえで、また事後すべての責任を己が取ることも含めて、苦渋の決断をしたのである。

すると、岩瀬と井上の両名は、ハリスのもとに向かい、その日のうちに調印してしまった。横浜沖に碇泊中のアメリカ軍艦ポウハタン号の船上で、同年六月一九日、日米修好通商条約が締結された。最後は、ハリスの強硬姿勢に押し切られる形で、幕府は勅許を待たずに条約に調印したのである。

この条約では自由に貿易を行うため、神奈川・長崎・兵庫・新潟の港を開くことなどを約束した。日本はついに、閉じていた門戸を開き、開国したのだ。

同年六月二四日に条約調印を知った徳川斉昭ら一橋派は、江戸城に押しかけると直弼を激しく非難した。勅許を待たずして調印に踏み切った直弼は、攘夷派からは完全に敵視されることになったのだ。孝明天皇をはじめ、雄藩の多くを向こうに回さざるを得なかったのを最も悔やんだのは、直弼自身だっただろう。

孝明天皇が水戸藩に対して戊午《ぼご》の密勅《みっちょく》を下すと、江戸城内は派閥間の争いが顕著となった。敵味方の暗闘が繰り広げられ、大老にいたっては、城内で出されたあらゆる茶湯を口にしてはならないと言われるほど、命の危険が身近に迫るようになったのだ。

しかし、もしも直弼が違勅のまま調印はできないとの決断を下した場合、近代日本は植民地支配に近い状態から始まることになったに違いない。

大老・直弼の指示で始まった〝安政の大獄〟

一八五八年（安政五年）六月二五日、直弼は徳川慶福が将軍世嗣に決定したことを諸大名に一方的に公表し、翌七月五日には幕法に違反する行動をとった水戸藩前藩主の徳川斉昭らに謹慎などの処分をいきなり下した。

大老・直弼の電光石火のごとき反撃が開始されたのである。勅許を得ない条約調印は不測の事態だったが、直弼は強行突破をはかり、敵対する一橋派の政治勢力を一挙に排除したのだった。

しかし、直弼のこの判断は、幕府政治を支える屋台骨であった有能な家臣たちをも一掃した。川路聖謨《としあきら》、岩瀬忠震、大久保忠寛《ただひろ》らである。

直弼には有能な人物を見つけ出し、育てるという気質はなかった。将軍継嗣問題について一橋派に与した人びとなど、幕府内において報復的人事のようなやり方で、逸材たちを排除した。このため幕府の政治・行政能力はこのとき地に落ちてしまう。

直弼のこうした判断に、孝明天皇は大いに反発した。同年八月八日、幕府を批判し、諸大名と協議し、外国に強い姿勢で臨むことを要求した天皇の勅諚《ちょくじょう》が、幕府と水戸藩に下された。先ほど触れた「戊午の密勅」である。

この事態を重大な危機とみた直弼らは、勅諚の降下を画策した者を、幕府からは老中を京都に出向かせ、探索させて、首謀者を逮捕させた。これを皮切りに宮家・公家の家臣や尊王攘夷の志士、水戸藩士らを捕縛、処罰する空前の大弾圧が始まった。

後に言う「安政の大獄」が、大老・直弼の指示で始まったのだ。

その処罰・弾圧基準だが、

（1）日米修好通商条約の締結など幕府政治の基本に対する妨害となる思想と行動

（2）将軍決定に対して幕府の秩序を乱す行動

（3）京都朝廷における反幕派の一掃、親幕の代表者・関白九条尚忠《ひさただ》を擁護するための反九条派の弾圧

（4）水戸徳川家に下った水戸密勅事件が幕府の綱紀を乱すため、その水戸の関係者

以上の基準から、直弼は腹心・長野主膳が京都の様子を調べ、水戸藩の家臣や、幕府に異を唱える考えを広めようとした多くの逸材を捕らえ、厳しく罰した。

京都でも、江戸でも、逮捕され処罰される人間が後を絶たず、この大獄で弾圧されたのは、死刑者八人、遠島・追放・所払い・押込めなどの有罪判決者が全国にわたり百名以上。このほか獄中で自殺、病死した者など、その数を含めると、この大獄の被害者の数はさらに増えた。

その徹底した弾圧政策によって多くの血が流れ、直弼はこの非道な仕打ちを「井伊の赤鬼」と揶揄されて、畏れられるようになった。

要は、外交政策の決定において、京都の公卿たちの介入を許さず、幕府の決定を効率的、手際よく押し進めたい。その見本を安政の大獄で示し、京都朝廷および全国の大小名たちに、勝手に動けば幕府への反逆行為となることを、身をもって示したかったのである。この大獄は、日本国の先頭に立つべきこれからの逸材、福井藩の橋本左内《さない》や長州藩の吉田松陰などを死刑に処するなど、政治家としては先見の明が乏しいとしか思えない暴挙だったとも言えるだろう。

大老・直弼は天皇の意に反してまで安政の大獄によって、重刑を強行、攘夷・反幕論者多数の公卿社会の大掃除をなしとげた。しかし、この大獄における直弼の判断は政治ではなかった。力による戦だった。

安政の大獄以降、幕末の政治史は、次第に戦いが前面に出てくるようになった。吉田松陰が松下村塾の塾生たちに、「諸君、狂いたまえ」と言い放った政治状況のきっかけを、大老・直弼がつくったのである。

この大獄から数年後、松陰の死の悲しみを胸に秘め、長州藩の久坂玄瑞、高杉晋作たちが幕府に戦いで挑んでくるのだ。

直弼は彦根藩・藩主直中の一四男として生まれ、埋木舎で一五年、己一人で鍛錬し、心を磨いた。世情、外国の情報なども己の努力で学んだ。己一人の鍛錬で己の器量を高めた。一方、志士である久坂と高杉は身分の上下おかまいなしという吉田松陰のもとで、多くの議論を通じて己の心を鍛え、器量を育て合った。

そして、高杉は、武士と武士以外の百姓、町人たちを組織し、訓練した混成部隊「奇兵隊」を創設し、長州藩旧守派を破り、第二次長州征伐の幕府軍も打ち破った。高杉が後方に控える奇兵隊に向かって、「かかれー!」と大声を発したときに、明治維新は始まったのである。

日本の「近代」とは、開国により通商条約を結び、欧米列強と貿易をすることだけではなかった。奇兵隊に見られる国民皆兵の萌芽もまた、近代を意味するのである。その発想が高杉にはあったが、幕府の大老だった直弼にはまったくなかった。それが、直弼が置かれた立場から来る制約だった。

新しい時代はどちらの人間像を求めるか、その戦いがこれから始まろうとしていた。

桜田門にて井伊直弼、散る

直弼自身も、また志士から命を狙われる存在となったことは知っていた。周囲からは大老職を辞してはどうかとの進言もあったが、頑としてそれを拒んだ。直弼は最後まで責任を果たす心積もりだった。

春あさみ　野中の清水氷居て　そこのこころを　くむ人ぞなき

この歌は、勇退を勧められたときに直弼が詠んだと言われている一首である。「いまは自分の政策を理解してもらえないが、時代はすでに冬を越え、春を迎えようとしている。いずれ己の想いを汲み取る人物が出てくるはずだ」という意味合いの歌である。

直弼は、自分の信じた道を愚直に突き進む決意だった。

一八五九年（安政六年）、孝明天皇に条約調印について理解を求め、一二月には「叡慮《えいりょ》氷解《ひょうかい》（天皇の心のわだかまりが解けた）」との意を得ることができた。このため、「戊午の密勅」は天皇の意ではなくなった。そこで朝廷に密勅返納の儀を出すよう直弼は求めた。一八六〇年（安政七年）正月、水戸藩にその旨が伝えられる。

しかし、安政の大獄はいまだ続いていた状況だった。水戸藩士数十名は憤慨とともに脱藩。薩摩藩士とともに直弼暗殺による幕府改造を計画した。

水戸藩の志士たちのこうした不穏な動きは、直弼の耳にもおそらく届いていたはずだが、直弼はあくまで己の信念を曲げなかった。

一八六〇年（安政七年）初め、直弼は自分の姿を絵師に描かせ、先祖の墓がある清凉寺（彦根市）に納めた。絵の上には直弼の歌が詠まれていた。

あふみの海《おうみのみ》　磯《いそ》うつ浪《なみ》の　いく度《たび》か　御世《みよ》に心を　くだきぬるかな

近江の海とは琵琶湖のことだが、「磯に何度も打ちつける波のように、私も世の中のために心を尽くしてきた」という意味だろうか。

大きな仕事をやりとげた想いと、しかしそれはまだ道半ばであり、この後何があってもその道を突き進んでいきたいという想いが込められていた。己の姿を絵に残した直弼の心境を想うと、おそらく死を覚悟していたのだろう。

そして、時は、一八六〇年（安政七年）弥生三日、五つ半（午前九時）。

上巳の節句を迎えた江戸の町は、春の雪模様であった。江戸城で桃の節句の儀式が行われるため、幕府の要職に就く者は、節句祝いを述べに登城するのが慣わしだった。

井伊家は代々、外桜田にあった井伊家の上屋敷から桜田門を通って城内に入るのが決まりとなっていた。籠に乗った直弼と供廻り一行は屋敷を出発。しばらく進んで、行列の先頭が桜田門近くにさしかかったとき、一発の鉄砲の音が鳴り響いた。

その発砲音を合図に一八人の侍が直弼の籠をめがけて襲いかかった。

籠のまわりを直弼の家来たちが取り囲んだ。前夜に雪が降ったので、刀を袋で包んでいたため、すぐには刀が抜けなかった。しかし、家来たちも果敢に敵と戦い、八人が死に、多くの怪我人を出した。水戸・薩摩の脱藩浪士の襲撃を受けたのだった。

この日、江戸城桜田門のすぐ外側で、大老・井伊直弼は殺された。

直弼の死は、幕命によって秘せられ、閏三月晦日に至りようやく公表された。後に「桜田門外の変」と呼ばれるこの事件をきっかけに、大獄は沈静化した。

直弼暗殺の報は、馬を乗り継ぎして、四日後には彦根城に伝えられた。誰もが悲しみにくれ、「水戸藩を討とう」と江戸に向かう家臣もいた。直弼の遺体は江戸の豪徳寺に葬られ、刀で刺され、切られたときに流した血が染みた土は彦根に運ばれた。土は天寧寺に埋められ、供養塔が建てられた。

典型的な保守本流の政治家・井伊直弼

私が祖母からよく言われていた言葉に、「総一朗、官僚にはなるなよ」という言葉があった。「彦根の人間は官僚になってはならない」と言われ続けたのである。

祖母はその理由として、「いまは薩長の時代。彦根藩出身の人間は官僚になっても芽が出ないから駄目だ」というのである。

もう少し、祖母の話に付き合ってほしい。

井伊直弼は安政の大獄を起こし、長州の吉田松陰を始め尊王攘夷派の志士たちを殺した。しかし、直弼が弾圧した薩摩・長州がその後、「明治」という天下を取った。だから、当分、彦根には芽がないという理屈である。

この話は明治時代の話ではない。第二次世界大戦中、まだ私が一〇歳にもなる前に祖母から言われていた話である。祖母の世の中を見る価値観には、「彦根藩」「井伊直弼」「薩長がつくった政府」という価値観がしっかりと根付いていたのだ。

祖母の価値観を斜めから眺めると、祖母はそれほど「彦根」という街を愛し、彦根駅の駅前でずっと馬に乗っている赤備えの武将・井伊直政（の銅像）、暗殺という哀しい死に方をした井伊直弼に理屈抜きで、誇りを感じていたのだ。

私はだから、祖母の言いつけを守り、官僚の道を選ばなかった。現在は東大・京大に次いでキャリア官僚が多い大学になってしまったが、当時は官僚という存在に一番縁遠かった早稲田大学に入学した。当時の早稲田は皮肉な話だが、松下村塾のような大学で、私は学んだというよりも毎日、議論し合っているうちに卒業した印象が強い。

ここで改めて、「井伊直弼」の話をしたい。

直弼という人間を想うとき、私には典型的な保守本流との認識が強い。徳川幕府の譜代大名筆頭の家柄であり、徳川家に忠節を尽くした人物だった。直弼の思考では、徳川家のためとは、すなわち日本のためとイコールであり、そのために直弼は死んだ。鎖国政策を二五〇年続けてきた幕府に、開国の舵を切ったのも、典型的な保守としての判断だった。その点については、前述した。

そんな彦根人の私からすると、直弼に対して、〈国賊か、開明的君主か〉という命題は存在しない。〈国賊〉であるはずがないからだ。

しかし、世の中を見渡してみると、直弼は幕末政治に重要な役割を果たしたが、強権的政治によって反対派を弾圧したため暗殺された悪人、というイメージが強い。ところが、私の地元である彦根では、鎖国していた日本を開国に導いた名君と高く評価されている。

直弼については昔から評価が両極に分かれている。その要因は、先ほどの祖母の価値観と重なるところがある。それは、直弼死後の歴史である。直弼と対立していた薩長が幕府を倒し、明治維新政府をつくり、政権を掌握した。そして、日清、日露戦争に勝利し、近代国家を築いた。欧米列強以外で、アジアで最初に成功した近代国家を誕生させた。

この歴史が、直弼の政治を徹底的に批判したのである。その政治的な思惑により、直弼の事績が正確に描かれてこなかったと言える。「安政の大獄」や「桜田門外の変」は「戊午の密勅」の結果として起こったにもかかわらず、「反対派への強権弾圧」という結果のみが示される。

私を含めて彦根の人間は、このような歴史観に反発し、一九〇九年（明治四二年）の開国五〇年祭を機に、直弼を「開国の恩人」と評価し、日本近代の出発点を直弼に求めようとした。

そもそも、幕末の日本で、ペリー提督に開国の承認を出さなかったならば、日本はどうなったか。また、アメリカ総領事館のハリスの助言に耳を傾けずに、ハリスに通商条約の承認を出さなかったら、日本はどうなったか。

「開国しない」の判断をアメリカに通告した場合、対アメリカ戦争になり、敗北した場合には、日本は間違いなく第二の中国になったはずである。直弼はそんな状況に日本を陥らせてはならないと考えていた。日本を守るために開国したのだ。その意味では、先を見越した平和主義だったとも言える。

直弼は保守本流として、筋を通した。時代を見る目は確かだった。薩長のように、幕末は尊王攘夷を叫び、明治維新後は開国を訴えるという二枚舌の卑怯なことをしなかった。直弼は殺されてしまうが、明治維新以降、井伊直弼の言ったとおりに日本は本格的に開国の道をたどっている。

尊王攘夷というのは、基本的に誤った思想である。薩長は、欧米のことを「攘夷」と言って、付き合わないと主張したが、明治維新後、積極的に付き合った。井伊直弼の判断と同じだったのだ。

大久保利通は晩年、「同じことをやる以上、誰がやるかが問題なのだ」と話していた。その発言には、大久保は、薩長が主体で明治維新を迎えなくてはいけないと語っている。そこに大久保の使命感を感じる。

それは一面においては正しいが、しかしフェアではないだろう。歴史を冷静に見つめると、近代の扉は薩長だけに見えていたわけではない。直弼にも見えていたし、徳川慶喜にも見えていた。新撰組の土方歳三にも見えていたのである。

直弼は狙われていること、身が危ないことは百も承知だった。しかし、いつも通りに登城し、危惧が現実のものとなり、死を迎えた。彼は、潔く殺されたのである。

私は、熱烈な井伊直弼のファンなのだが、それを踏まえて次の文章を読んでほしい。明治維新はそのプロセスにおいて幸運だったと思っている。それは、「井伊直弼」という存在がいたからである。己の否定すべき政治組織に、見識を持ち、薩長の志士たちが描いていたのと同じ未来像を持った政治家がいたからである。

その後、薩長の明治維新政府は尊皇攘夷という思想を否定もせずに、少し暑くなってきたので、上着を脱ぐように捨ててしまった。薩長の尊王攘夷は上着の思想で、上着を脱ぐと、直弼と同じ洋服だった。しかし、その上着は脱いだだけで、なくなってはいなかった。

明治維新政府は、尊皇攘夷で徳川幕府を倒し、勝者になった。しかし、その七〇年後、明治維新政府の末裔たち（陸軍将校たち）は妖怪のような尊皇攘夷の上着を着出し、昭和ファシズムを生み、太平洋戦争へと突入した。

司馬遼太郎さんではないが、そもそも薩長がつくった明治維新政府とは、尊皇攘夷に始まり、尊皇攘夷に終わる政府だった。

ただし、始まりの尊皇攘夷と終わりの尊皇攘夷には、一点だけ違いがあった。それは、始まりの尊皇攘夷には井伊直弼という存在があった。しかし、終わりの尊王攘夷には、昭和の時代にはその存在が見当たらないのである。
私たちは、「井伊直弼」という存在からもっと学ぶべきである。

幕末に翻弄された最後の藩主・井伊直憲

彦根藩最後の藩主・井伊直憲《なおのり》は、直弼の次男として一八四八年（嘉永元年）に江戸で生まれた。元服を控えた一二歳の頃、直憲の身辺はかなり慌しくなる。一八六〇年（万延元年）三月三日、直弼が水戸・薩摩の志士らによって暗殺された報せは、彦根城内を大混乱に陥れた。

当時、大名の不慮の死は理由の如何を問わず家名断絶が、幕府の決まりである。ましてや大老が暗殺されたのである。このままでは、藩祖・直政から続く彦根井伊家は取り潰しとなるのは必至であった。

藩主の暗殺という事実に、仇討ちをしないまま、ただ幕府の命を待っていたならば、世の笑いものになる。藩主を暗殺で失い、後ろ指を指されなければならないのなら、せめて復仇だけは果たしたい。これが、彦根藩士たちの想いであった。

犯行は水戸学派の手によるものだったことは、すでに彦根まで伝わっていた。「水戸と一戦交えるべし」という機運が高まり、一触即発の城下だった。

幕府の立場からすると、彦根藩は譜代大名筆頭であり、水戸藩は徳川御三家の一つ。身内同士の争いだった。京都では倒幕の志士たちの暗躍が激しくなる中で、身内同士の争いの火種は何としても消さなくてはならない。そこで、幕府は激情する彦根藩士を抑えるため、異例の方策を取る。

「大老は登城中に大怪我を負ったため、療養中」と発表したのだ。直弼の死が公でないならば、井伊家を潰す必要もない。決して、美しい計らいではないが、彦根藩は胸をなでおろしたのだった。

一時的に隠されることになった直弼の死によって、彦根藩には何の咎めもなかった。そして、新しく藩主に就任したのが、先の直憲だ。まだ、一二歳と幼い藩主だった。これから八年先の、一八六八年（慶応四年）の戊辰戦争の際でも、直憲はまだ二〇歳に過ぎなかった。

直憲の時代は、彦根藩にとって苦難の時代であるが、その苦難を押し返すにはあまりに藩主が幼すぎたのである。

一八六二年（文久二年）四月の薩摩の島津久光による幕政改革要求の結果、一橋派が政権を掌握することとなった。直弼の政敵だった一橋派が幕政を担うことになったので、事態は一変した。直弼の為政はすべて悪行と判じられたのだ。条約調印は詔勅を無視した大罪。安政の大獄は至上の悪行。大老は暗殺されても仕方なかったと世間は断じた。

幼い彦根藩主・直憲は、その非難を一身に背負う以外、為すすべがなかった。彦根藩は京都守護職を罷免され、一〇万石が没収された。罷免された京都守護職は、会津藩の藩主・松平容保が担うことになった。いよいよ新撰組の登場である。幼い藩主である直憲は、一大名として幕府の命令を遵守するしかなかった。

一八六三年（文久三年）、クーデターにより薩摩藩や会津藩などの公武合体派が長州藩などの尊皇攘夷派を朝廷から追い出すと、対立は目に見えて激化した。錦の御旗を手にした者が正義であると、両陣営が天皇を巡って武力衝突を繰り返すようになる。

彦根藩では、失墜した藩の信頼回復のために東奔西走した。世の中は倒幕へ傾きかけていたが、徳川幕府はそれでも抗うことをやめなかった。そのため、直憲は幕府軍の先鋒として、大阪湾の警備、大和の天誅組鎮圧、禁門の変、長州戦争など次々と出兵して幕府のために戦ったのだ。

このとき、直憲は、藩祖・直政が先陣を切った関ヶ原の合戦での出で立ち同様、伝来の赤備え姿で身を固めたという。彦根藩は武功をあげ、召し上げられた一〇万石の内、三万石を回復した。しかし、度重なる出兵で、彦根藩の財政は他藩同様、破産寸前の状態だったと思われる。

また、西洋式の武力で戦う反幕府軍の前に、幕府は次第に劣勢を強いられた。加えて、長州藩や薩摩藩が倒幕に向けての詔勅をとり、名実共に官軍になった。幕藩体制の崩壊は、目前に迫っていた。

一八六七年（慶応三年）、将軍・徳川慶喜が大政奉還を行った後、新政府は王政復古の大号令を発した。朝幕合体的な新政権をめざす徳川慶喜を排除しようとしたのだ。彦根城内においても、「時勢を読むべし」の声が高くなっていた。

「このまま幕府軍に与していては、やがて来る新時代にも彦根は汚名を被るだろう」という者と、「玉砕しても藩の意地だけは貫き通すべきだ」という者の口論が後を絶たなかった。決断は藩主・直憲に委ねられた。一八六八年（慶応四年）、直憲は二〇歳になった。

直政から「徳川に従うべし」と言い遺されてから、彦根藩はそれを矜持としてきた。譲れない信念である。直政の声には、龍潭寺の南渓和尚や直虎の教えもあった。

しかし、藩主・直憲は、藩としてのプライドより大切な物があると考えて、判断を下すことになる。幕府軍か、新政府か。直憲の出した結論は新政府軍だった。このような判断を下したのは、周辺状況から見て、また桜田門外の変以降の幕府の仕打ちを考え、直弼の名誉を回復できるのは「勤王」との考えからであった。

その後、東山道《とうさんどう》軍先鋒として関東・東北各地で旧幕府軍と戦い、新政府軍の勝利に貢献したが、「勤王」とはいえ支えるのは薩長である。彦根藩最後の藩主・直憲の判断を、父・直弼はどう思っただろうか。

その後、直憲は、廃藩置県まで彦根藩知事として過ごし、後に華族令で伯爵に列せられた。

column

佐和山と彦根城

私だけだろうか、実に不思議なのだが、彦根城の天守閣に登り佐和山を見ると、佐和山がこんなに近かったかと思えるほど近くに見える。いっぽう、佐和山に登り、彦根城の天守閣を探そうとすると、実際の距離以上に遠くに見えるので、驚く。

私は小学校二年生まで、彦根の町中にあった城東小学校に通っていた。しかし、三年で学区が変更となり、佐和山小学校に転校しなくてはだめになった。佐和山がすぐ近くに見える小学校だった。

子ども心に、「ちょっと嫌だな」という気持ちがあった。それほど深刻ではないが。佐和山小学校はなんだかワンランク落ちるという意識があったのである。そして、現に落ちた。佐和山小学校に行って、私は勉強がよくできる子になったのである。

中学校でまた、城東小学校の友だちと一緒になった。

「田原君、佐和山に行ってちょっと勉強ができなくなったね」と言われてかなり落ち込んだことを覚えている。実際にワンランク落ちた小学校だったか、どうかは知らない。あくまで、小学生だった私とその友だちの何となく感じていた想いだけという気もしている。ただ、小学生だった私たちでも感じてしまう佐和山と彦根城の、目に見えない境界線に触れたような気がした。

滅ぼされた者と栄えた者。その二つの姿は彦根の町のどこを歩いていても、立ち止まるだけで見えてしまう、感じてしまう。いまもなお、三成も、直政も、直孝も、直弼も生きている。彦根は歴史の町なのである。

あとがき

「あとがき」の内容としてはふさわしくないのかも知れないが、第5章で彦根藩最後の藩主・井伊直憲について触れたので、この「あとがき」では直憲以降の井伊家について簡単に記すことにしたい。

井伊家の明治・大正・昭和、そして現在である。井伊家一四代直憲の後は、一五代は直忠《なおただ》、一六代は直愛《なおよし》、一七代は直豪《なおひで》と代を重ねている。いずれも嫡男が後を継いでいる。

それぞれの当主の人物像について触れてみよう。

直憲は明治以降、貴族院伯爵議員になっている。父・直弼に比べると、もの静かな地味な人柄だったようだ。直憲は日露戦争開戦の二年前、ロシアとの対立が苛烈になった一九〇二年（明治三五年）に死去する。

その後を継いだ直忠は一八八一年（明治一四年）生まれで、まさに青年華族だった。直忠は本邸に能舞台を設え、能に打ち込む人生だった。初世梅若万三郎《しょせいうめわかまんざぶろう》などに師事したという。父・直憲のように、貴族院伯爵議員にならなかった。

直忠は関東大震災、昭和恐慌、満州事変、日中戦争、そして太平洋戦争へと流れる波乱のときに、どのような想いで能を演じたのだろうか。薩長の末裔たちが日本を壊していく様をどのように眺めていたのだろうか。その脳裏に、直弼の姿は浮かんだだろうか。さまざまな質問を投げかけたくなってしまう。

直忠は敗戦の二年後、一九四七年（昭和二二年）に亡くなった。最後の伯爵であった。直愛は父・直忠の死去から間もなくして華族制度が廃止され、井伊家の伯爵位も失効した。彼は水産学者であり、戦後は彦根市長を務め、「殿様市長」として彦根市民に愛された人物だった（第1章コラム参照）。直愛は八三歳の長寿をまっとうし、一九九三年（平成五年）一二月に死去する。

平成の時代の当主は直豪だが病気のため、二〇〇〇年（平成一二年）八月に六二歳で死去されている。

他の旧藩主同様に、井伊家もまた維新以降は東京に住んだ。麹町に本邸があった。それでは、彦根藩時代の上屋敷、中屋敷、下屋敷のその後はどうなったのだろうか。現当主で一八代の井伊直岳氏に尋ねた。

「将軍から拝領した江戸屋敷は、すべて明治政府に返上したようです。現在は、上屋敷は国会議事堂の前にある憲政記念館に、中屋敷はホテルニューオータニに、下屋敷は明治神宮にそれぞれなっています」

破却を免れた彦根城のその後だが、いったんは明治政府の所有物になるも、その後、直憲の時代に下賜され、井伊家の所有物になったという。しかし、直忠は一九四四年（昭和一九年）に彦根市へ寄付している。維持費と相続税などで、一華族では維持できないと判断したようだ。

先ほど触れた現当主の直岳氏だが、お話を伺うと、直豪の長女・井伊裕子さんとご結婚されたとのことだ。二人姉妹で男兄弟はおられず、裕子さんが直岳氏を婿養子に迎えたのである。

彦根井伊家としては英断だった。

「彦根井伊家にとって、初代の直政公以降他家からの養子を当主にしたことがないのです。私が初めての婿養子です」

直岳氏はもともと三重県の出身で、京都大学文学部、同大学大学院文学研究科で日本史を研究されて、彦根市の市史編さん室に就職した。その編さん室に、「妻が職場の先輩としていました。恋愛結婚です」と語って、笑われた。

直豪が長く患っていたので、存命中に結婚式を挙げようと、二〇〇〇年一月に結婚した。結婚して七カ月後に直豪は亡くなり、直岳氏が当主になった。結婚して驚いたことがあると、直岳氏は語る。

「井伊姓に名字が変わった後、彦根の地元のみなさんがとても大事にしてくださることです。地元の方から講演などを依頼されたときも、逆に市職員としてお願いごとに行くときでも、こちらが恐縮するほど丁寧に接していただくことがあります」

時代が平成に変わっても、彦根藩主代々の善政によって、井伊家はいまもなお彦根市民から愛されているのである。

＊

最後に、井伊直虎について一言、申し上げたい。大河ドラマで取り上げるテーマがなぜ、直虎なのだろうか。関連する資料もあまりなく、史実も少ない〝女城主〟をなぜ取り上げるのだろうか。

日本と世界を見渡すと、日本では東京都知事が小池百合子氏、民進党代表は蓮舫氏、アメリカの大統領選挙でおそらく大統領になるであろうヒラリー氏、イギリスのメイ首相、ドイツのメルケル首相、韓国の朴槿恵大統領など、評価はさまざまだが、女性のリーダーが増えている。私は近い将来の日本の総理大臣は女性だと見ている。

なぜこうも女性のリーダーが増えるのだろうか。

思いつくままにその理由を挙げてみると、男にある〝社会のしがらみ〟が女性にはない。ないというよりもつくらない。男と違い、女性には、その根底に正義を愛する気持ちが強い。不正義に対して、テコでも動かない心の強さがあると思っている。

だからこそ、女性は〝逃げない生き方〟を貫けるのではないだろうか。

日本はこれからギアチェンジの時代を迎えなくてはならない。政治も、企業も、社会も、である。受け流されず、困難に立ち向かい、そして乗り越えるしなやかな力を、私は直虎を通じて学びたいと思っている。

先ほどの井伊直岳氏が、別れ際に言われた、

「直虎があのように力を発揮できたのは、井伊谷で多くの領民たち、家臣たちに慕われていたからです。直弼が幕末にあのような決断ができたのは、彦根藩の領民たち、家臣たちに愛され、信頼されていたからです。つまり、慕われ、愛される行動と言葉をリー

ダーとして持っていました」

という一言が心に残っている。

最後に、お忙しいなか、ライター鮫島敦氏の取材に応じて頂いた龍潭寺の武藤全裕閑栖（前住職）、井伊家当主・井伊直岳氏には深く感謝したい。また、本書刊行のためご尽力された有限会社アトミックの鮫島敦社長、フリー編集者の大西夏奈子さん、プレジデント社渡邉崇さんにも感謝を述べたい。

二〇一六年　九月

田原総一朗

参考文献

たちばな会『井伊家傳記』たちばな会　２０００年
松岡英夫『安政の大獄―井伊直弼と長野主膳』中央公論新社　２００１年
「井の国千年物語」編集委員会『井の国千年物語：井伊氏とあゆむ』２００５年
彦根城博物館『井伊直弼ってどんな人？』２００５年
「列伝　井伊家十四代」〈国宝・彦根城築城４００年祭〉公式サイト　２００７年
彦根城博物館『井伊家伝来の名宝１「井伊家と彦根藩」』２００９年
武藤全裕『遠江井伊氏物語』２０１０年
井伊直弼・戸田勝久『茶湯一会集・閑夜茶話』岩波書店　２０１０年
公益財団法人静岡県文化財団『しずおかの文化新書16 湖の雄 井伊氏　～浜名湖北から近江へ、井伊一族の実像～』静岡県文化財団　２０１４年
武藤全裕『遠江井伊氏考察録◎その七　井伊直虎年表』２０１５年